TEUBNER *kochen | erleben*

Kochkurs für Genießer

Seafood

Kochkurs für Genießer

Seafood

Auster, Hummer oder Jakobsmuschel, Wolfsbarsch, Zander oder Saibling - Fisch und Meeresfrüchte gehören zu den delikatesten Nahrungsmitteln. Sie bieten vielfältige Möglichkeiten der kreativen Zubereitung und sind eine kulinarische Herausforderung für jeden Koch, vorausgesetzt, er kennt den Umgang mit den sensiblen Produkten.

Dieser TEUBNER Kochkurs für zu Hause zeigt Ihnen im ersten Teil des Buches ganz genau, wie es geht und was bei Einkauf und Verarbeitung zu beachten ist. Schauen Sie einfach dem Profikoch über die Schulter.

Im zweiten Teil des Buches können Sie Ihr Wissen über die Seafood-Küche gleich anwenden und nach den Rezepten der Spitzengastronomie kochen. Hier finden Sie sowohl klassische Gerichte als auch viele moderne Ideen.

REZEPTFOTOS: Matthias Hoffmann, Frauke Koops – Produktion, Styling, Foodstyling
KOCHKURSFOTOS: Peter von Felbert, Anne Eickenberg, Daniel Reiter

WARENKUNDE

KOCHKURS

REZEPTE

**Alle Rezepte sind für 4 Portionen berechnet,
wenn nichts anderes angegeben ist.**

KOCHKURS
Seafood

MERKMALE

von frischem Fisch

(1) Frischer Fisch hat **leuchtend rote Kiemen.** Ist der Fisch älter, werden sie blass und grau.

(2) Auch **dichte, leicht glänzende Schuppen** ohne Beschädigungen sind ein Frischezeichen.

(3) Wenn Sie leicht in das Fischfleisch hineindrücken, sollte es elastisch »zurückfedern«, der **Druck sollte keine Dellen** hinterlassen.

Frischemerkmale von Fisch

Die Frische eines Fisches erkennt der Fachmann, indem er mit der Messerklinge über den ganzen Fisch oder das Filet streicht. Je weniger daran hängen bleibt, desto frischer ist der Fisch.

IN DER FISCH- UND MEERESFRÜCHTE-KÜCHE sind Frische und Qualität besonders wichtig. Denn das zarte, wasser- und eiweißreiche Fischfleisch ist sehr empfindlich. Hier gilt das Gleiche wie bei Fleisch oder Geflügel: Kaufen Sie am besten bei einem Händler Ihres Vertrauens ein. Ein guter Fischhändler kann Ihnen sagen, wo seine Fische herkommen, und er kann Ihnen Alternativen empfehlen, falls der gewünschte Fisch gerade einmal nicht zu erhalten ist.

FRISCHEZEICHEN ERKENNEN

Es gibt einige untrügliche Zeichen, anhand derer Sie selbst frischen Fisch erkennen können. Das wichtigste Werkzeug dafür ist zunächst einmal Ihre Nase: Riecht der Fisch leicht salzig nach Meer oder frischem Süßwasser, dann kann er nicht alt sein. Riecht er aber etwas streng und fischig, kaufen Sie ihn besser nicht. Das gilt sowohl für ganze Fische als auch für Filets oder Fischkoteletts.

Ein weiteres Frischemerkmal bei ganzen Fischen sind die Augen. Diese sollten prall und glasklar aussehen (siehe das Foto auf Seite 10), keinesfalls trüb. Verschleierte Fischaugen sind immer ein deutliches Zeichen dafür, dass der Fisch nicht mehr ganz frisch ist.

Frische leuchtend rote Kiemen (im Bild unten links) sind ein weiteres Frischekriterium. Bei frischem Fisch sind außerdem die einzelnen Kiemenblättchen deutlich erkennbar, sie sind nicht etwa verschleimt oder verklebt.

Achten Sie auch auf die Schuppen (im Bild unten Mitte). Sie sollten einen leichten Glanz und eine klare Schleimschicht haben, außerdem gleichmäßig aufliegend und unbeschädigt sein. Das zeigt auch, dass der Fisch beim Transport sorgfältig behandelt wurde.

Und auch die Festigkeit des Fleisches (im Bild unten rechts) gibt Aufschluss über die Frische des Fischs. Das Fleisch sollte elastisch sein, ein Fingerdruck keine Dellen hinterlassen.

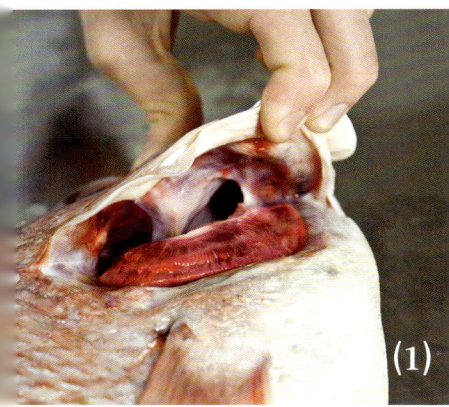
(1)

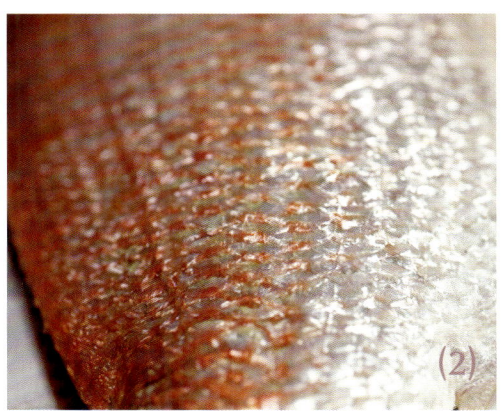
(2)

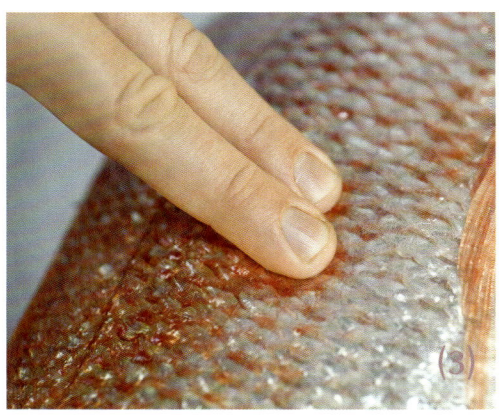
(3)

Rundfische vorbereiten

Sie können sich Ihren Fisch beim Händler küchenfertig vorbereiten, also schuppen, ausnehmen und eventuell filetieren lassen oder es nach folgender Anleitung einfach selbst machen.

GANZE RUNDFISCHE wie Wolfsbarsch, Red Snapper oder die hier gezeigte Dorade müssen als Erstes geschuppt werden. Dazu schneiden Sie wie auf den Seiten 6/7 und 8/9 gezeigt zunächst die Rückenflosse mit einer Küchenschere ab. Zum Ablösen der Schuppen eignet sich ein spezieller Fischschupper (siehe auch Seite 202). Sie können dazu aber auch gut den Rücken eines größeren Kochmessers verwenden. Legen Sie den Fisch auf eine Arbeitsbrett-Unterlage und diese auf großflächig ausgebreitetes Zeitungspapier, oder schuppen Sie ihn unter fließendem Wasser im Waschbecken, damit sich die Schuppen nicht im ganzen Raum verteilen. Halten Sie den Fisch mit einem Küchentuch am Schwanzende fest, und schuppen Sie ringsherum in Richtung Kopf.

RUNDFISCHE AUSNEHMEN

Ganz gleich, ob Sie den Fisch später füllen, ihn ungefüllt im Ganzen braten oder filetieren möchten, Sie müssen ihn auf jeden Fall ausnehmen wie in der Bildfolge rechts gezeigt.

Am einfachsten wird ein Fisch durch die Bauchhöhle ausgenommen. Dazu benötigen Sie lediglich ein scharfes Filetiermesser mit flexibler Klinge und eine Küchenschere. Nach dem Ausnehmen wird der Fisch dann gründlich von außen und innen unter fließendem Wasser abgewaschen, um eventuelle Eingeweidereste zu entfernen. Zum Trockentupfen eignet sich ein Küchenhandtuch aus Leinen (flust nicht) oder auch Küchenpapier. Anschließend können Sie den Fisch wie rechts gezeigt würzen und füllen. Um Filets zu erhalten, entgräten und filetieren Sie den Fisch wie auf den folgenden Seiten gezeigt und beschrieben.

Zum Schuppen den Fisch am Schwanzende festhalten und mit einem speziellen Fischschupper oder einem breiten Messerrücken die Schuppen entfernen.

DIE RICHTIGEN WERKZEUGE

Zum Schuppen und Ausnehmen benötigen Sie nur wenige Werkzeuge.
· Wenn Sie den Fisch in der Regel nicht küchenfertig kaufen, lohnt die Anschaffung eines Fischschuppers.

· Eine Küchenschere brauchen Sie zum Abschneiden der Flossen.
· Und ein gut geschärftes biegsames Filetiermesser ist unverzichtbar zum Schneiden und Herauslösen der Filets.

(1) Die Bauchhöhle des Fischs mit dem Filetiermesser der Länge nach aufschneiden. Zum Schluss die ...

(2) ... Schere verwenden. So kann der Knorpel an der Kopfunterseite besser durchgeschnitten werden.

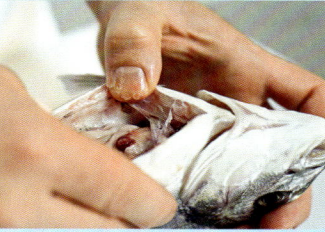

(3) Mit den Händen die Bauchhöhle aufklappen, dann werden die Eingeweide sichtbar.

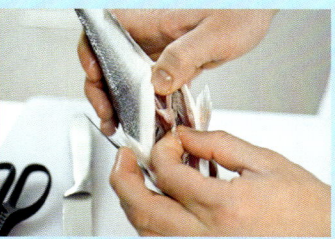

(4) Die Eingeweide mit den Händen aus der Bauchhöhle entnehmen und entfernen.

(5) Den Fisch unter kaltem Wasser abwaschen und gut ausspülen. Mit einem Küchentuch trocken tupfen.

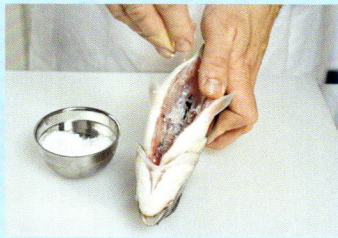

(6) Zum Garen in einer Hülle im Ofen (z. B. in Alufolie) den Fisch von innen salzen und pfeffern.

(7) Etwas Butter hineingeben, den Fisch auf gefettete Alufolie legen und darin einpacken.

(8) Zum ungefüllten Grillen oder Braten nach Belieben den Kopf mit zwei schrägen Schnitten entfernen.

(9) Dann die Haut ziselieren, d. h. sie quer mehrmals mit parallelen Schnitten nicht zu tief einschneiden.

(10) Den Fisch anschließend mehlieren und das überschüssige Mehl gut abklopfen.

(11) Den Fisch nach Belieben braten oder grillen und vor dem Servieren mit Salz und Pfeffer würzen.

Rundfisch filetieren

Verwenden Sie zum Filetieren am besten ein spezielles Filetiermesser.
Dieses hat eine lange, extra scharf geschliffene elastische Klinge,
die für das präzise Zuschneiden sehr hilfreich ist.

WENN SIE EINEN RUNDFISCH weder im Ganzen gefüllt oder ungefüllt grillen noch braten möchten, müssen Sie ihn filetieren. Nur große Fische wie beispielsweise Lachs können Sie auch, nachdem Sie den Kopf abgetrennt haben, mit einem scharfen Messer in 2 bis 3 cm dicke Scheiben (Tranchen) schneiden.

Kleinere Rundfische wie der hier gezeigte Wolfsbarsch oder z. B. auch Doraden und Red Snapper sollten Sie wie in der Bildfolge rechts filetieren. Dabei erhalten Sie pro Fisch je zwei gut parierte Fischfilets. Das Gewicht der Filetstücke beträgt bei Rundfischen etwa 50 % des Bruttogewichts des ausgenommenen ganzen Fischs. Der Rest entfällt auf die sogenannten Parüren, auch Abgänge genannt, wie Kopf, Skelett, Flossen oder Haut. Werfen Sie diese Abschnitte nicht weg, sondern verwenden Sie sie für einen Fischfond (siehe Seite 23). Bei Plattfisch beträgt das Verhältnis Filets und Parüren etwa 35 % zu 65 %. Generell gilt für alle Fische: je größer der Fisch, desto höher der Anteil an Filetfleisch.

Je nach Fischsorte sollten Sie die ausgelösten Filets dann noch von feinen Gräten befreien (Bild 6 rechts). Diese finden Sie leicht, wenn Sie mit dem Finger sanft über das Fleisch streichen.

Erster Schritt beim Filetieren:
Den Fisch mit der flachen Hand fest-
halten und am Rücken mit einem
scharfen Messer längs einschneiden.

ENTGRÄTEN UND FILETIEREN

(1) Das Fleisch hinter dem Kopf quer einschneiden, dann das Filet am Rücken beginnend losschneiden.

(2) Immer dicht an der Gräte schneiden, die Bauchgräten durchtrennen.

(3) Danach den Fisch wenden und auch das zweite Filet – am Kopf beginnend – von Mittelgräte und Schwanz abschneiden

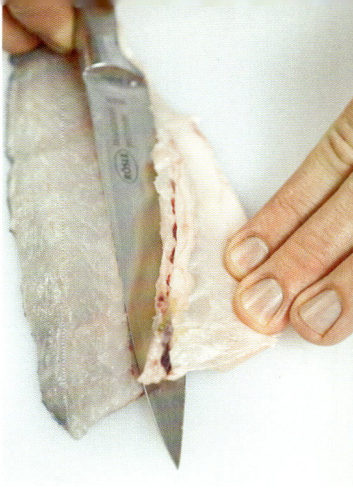

(4) Die Bauchhöhlengräten dicht an der Gräte der Grätenrichtung folgend abschneiden.

(5) Filet mit schräg nach unten gehaltenem Messer von der Haut schneiden, diese gut festhalten.

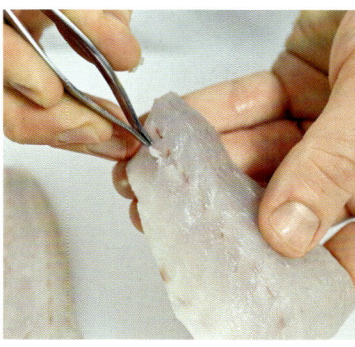

(6) Kleinere Gräten mit einer Pinzette aus den Filets ziehen.

Zum Ziehen von Gräten eignet sich eine spezielle Grätenpinzette oder auch eine kleine Zange aus dem Baumarkt.

Garmethoden für Fische

Die Garmethode richtet sich nach Fischsorte und Art der Zubereitung. Nicht jede Methode ist für jeden Fisch geeignet.

POCHIEREN, DÄMPFEN UND DÜNSTEN sind besonders schonende Methoden des Garens, da hier mit niedriger Temperatur oder mit wenig Flüssigkeit gegart wird, wodurch Geschmack und Aroma erhalten bleiben.

POCHIEREN nennt man das langsame Garziehen in Flüssigkeit, etwa in Fischfond oder einer Court-Bouillon (siehe Seite 23 bzw. 20) bei Temperaturen unterhalb des Siedepunktes. Ideal für ganze Fische mit Haut. Eine Sonderform des Pochierens ist das BLAUKOCHEN. Dafür wird dem Wasser Essig zugesetzt, wodurch sich die Schleimschicht der Fischhaut beim Garen bläulich färbt. Auf diese Weise bereitet man vor allem Forelle, Aal, Karpfen und Schleie zu. Die Fische müssen sehr frisch und möglichst wenig an der Haut berührt sein, dann wird die Färbung am intensivsten.

Beim DÄMPFEN gart der Fisch im Wasserdampf in einem Topf mit Metallsiebeinsatz, einem Bambus-

GARMETHODEN

(1) Zartes Fischfilet, z.B. von Pangasius, Barben oder St.-Pierre kann man im Dämpfkorb, am besten mit Gemüse-Julienne, aromatisch und sanft garen.

(2) Sardinenfilets eignen sich gut zum Frittieren im Tempurateig. Überschüssiges Fett anschließend auf Küchenpapier abtropfen lassen.

(3) Festfleischige Fischfilets, etwa vom Wolfsbarsch, sind mit wenigen Aromazutaten wie Knoblauch und Oliven schnell in der Pfanne gebraten.

(4) Eine ganze, etwa mit Kräutern gefüllte Lachsforelle eignet sich zum Garen im Ofen. Sie während des Garens immer wieder mit Fett beträufeln.

Dämpfkörbchen oder in einem speziellen Dampfgarer. Ideal für ganze Fische bis 1 kg Gewicht oder für Filets. Salzen Sie bei dieser Garmethode den Fisch vorher, denn er kommt nicht unmittelbar mit einer salzigen Flüssigkeit in Berührung. Gewürze und Kräuter können ins kochende Wasser gelegt werden, die mit dem Dampf aufsteigenden ätherischen Öle aromatisieren den Fisch.

Beim DÜNSTEN gart der Fisch bei mittlerer Temperatur im eigenen Saft; eine gute Methode für kleinere Fische und Filets. Das Fett dient dazu, dass der Fisch nicht am Gargeschirr anhaftet; häufig wird zum Fett auch noch fein geschnittene Schalotte gegeben. Den Fisch dann vor dem Abdecken leicht salzen und mit etwas Wein oder Zitronensaft sowie Fischfond beträufeln. Achten Sie darauf, dass die Temperatur während des Dünstens nicht zu hoch ist, sonst brennt der Fisch an. Ist der Fisch fertig gedünstet, kann der verbliebene Dünstfond – gegebenenfalls reduziert – als Basis für eine Sauce verwendet werden.

Beim BRATEN schließen sich die Poren des Fischfleischs sehr schnell, sodass der Fisch von außen knusprig wird, innen aber saftig bleibt. Gut für ganze Fische bis etwa 400 g Gewicht. Tupfen Sie den Fisch vor dem Braten gut trocken, sonst spritzt das Fett und kühlt zudem beim Einlegen des Fischs zu stark ab. Zum Schutz des empfindlichen Fischfleischs, insbesondere bei Filets, kann man es leicht mehlieren.

Zum FRITTIEREN eignen sich kleine ganze Fische wie etwa Sardellen oder Fischstücke. Sie sollten bemehlt bzw. mit einer Panierung oder einem Teig (z. B. Tempurateig) ummantelt werden. Größere Fischstücke in etwa 160 °C heißes Fett tauchen, kleinere ganze Fische bei 175 °C frittieren.

Beim RÄUCHERN wird gleichzeitig gegart, aromatisiert und haltbar gemacht. Ideal für fettreiche Fische – kleinere im Ganzen, größere in Stücken. Räuchermehl bekommen Sie im Haushaltswarenladen oder in Geschäften für Anglerbedarf. Ideal für zu Hause ist das Heißräuchern bei 60 °C im speziellen Räucherofen oder im Wok.

Eine traditionelle Garmethode ist das GRILLEN – über dem Holzkohlegrill, auf dem Gas- oder Elektrogrill. Am besten geeignet für ganze Fische und marinierte Tranchen von Fischen mit robustem Fleisch. Sie bekommen eine aromatische Kruste und bleiben innen sehr saftig.

Ganze Fische, Filets sowie Tranchen gelingen auch bestens IM BACKOFEN. Packt man den Fisch in eine Hülle, gart er im eigenen Saft und bleibt hocharomatisch.

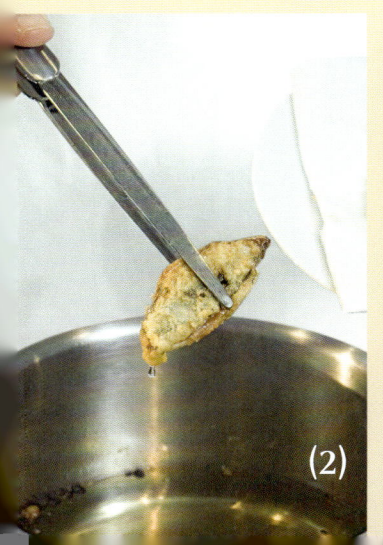
(2)

(3)

(4)

Fisch in Hülle

Vor allem ganze Fische, aber auch dickere Fisch-filets oder Tranchen eignen sich für die Zubereitung im Backofen. Sie können den Fisch offen garen und ihn zwischendurch immer wieder mit Butter oder Fond übergießen, oder Sie entscheiden sich für eine der vielen Varianten, den Fisch in Hülle zu garen. Mit dieser sanften Garmethode wird Fisch besonders saftig und aromatisch.

Als Hülle eignen sich spezielle Bratfolie, Pergament- bzw. Backpapier oder Alufolie. Darin wickeln Sie den Fisch nach Belieben mit Kräutern und Gewürzen, etwas Wein oder Fischfond (siehe Seite 23) vollständig ein. Wenn Sie einen Brat-schlauch verwenden, stechen Sie diesen einige Male mit einer dicken Nadel ein, damit Dampf entweichen kann. Sowohl Alufolie als auch Pergament- oder Backpapier vor dem Einwickeln mit Fett bestreichen.

GAREN IN DER TEIGHÜLLE

Ganze Fische wie Lachsforellen oder Red Snapper können Sie gut im Teigmantel oder in Salzkruste zubereiten. Eine Umhüllung aus Blätter-, Strudel- oder Filoteig sorgt für saftigen Fisch mit einem knusprigen Mantel. Ganz besonders delikat und aromatisch werden große Fische im Salzmantel gegart (siehe rechts unten). Eine schöne Zubereitungsmethode für ein Essen mit Gästen, da hierbei auch das Servieren ein Ereignis ist: wenn die Salzkruste mit einem schweren Messer vorsichtig aufgeklopft und geöffnet wird.

Kalkulieren Sie für einen ganzen Fisch von etwa 1 kg bei 200 °C
im Bratschlauch oder Papier eine Garzeit von etwa 30 Minuten ein.
In eine Teighülle verpackt braucht er etwa 10 Minuten länger.

Red Snapper in Salz-Limetten-Kruste

Mischen Sie 1 ½ kg grobes Meersalz mit 3 EL Szechuanpfeffer und der abgeriebenen Schale von 4 Bio-Limetten, und heben Sie 3 Eiweiße unter. Füllen Sie einen etwa 1 bis 1,3 kg schweren ungeschuppten, aber ausgenommenen Fisch (es eignen sich Red Snapper, Lachsforelle, Dorade, Wolfsbarsch) mit einem Estragonsträußchen und dünn geschnittenen Limettenscheiben. Verteilen Sie etwa die Hälfte der Salzmasse auf ein mit Backpapier ausgelegtes Backblech, und streichen Sie die Mischung glatt. Den Fisch darauflegen, die restliche Salzmischung darüber verteilen, leicht andrücken und mit einem Messer glatt streichen. Den Fisch im vorgeheizten Backofen bei 200°C etwa 45 Minuten garen, dann herausnehmen und die Salzkruste mit dem Rücken eines schweren Kochmessers aufbrechen.

POCHIERFONDS FÜR SEAFOOD

KLASSISCHE COURT-BOUILLON

Die Brühe eignet sich für **alle** Fische und Meeresfrüchte, die im Sud gegart werden können.

Je 100 g **Möhren und Petersilienwurzeln** in Scheiben schneiden. 1 **Schalotte** schälen und in Ringe schneiden, 120 g **Lauch** in Streifen (Julienne) schneiden. Das Gemüse mit 3 l Wasser in einen Topf geben. 2 TL Salz, 1 Petersilienstängel, 2 Thymianzweige, 1 Lorbeerblatt und 2 Wacholderbeeren zufügen, aufkochen, 15 Minuten köcheln lassen. 15 zerdrückte **weiße Pfefferkörner** zufügen und die Court-Bouillon weitere 5 Minuten garen.

FOND ZUM BLAUKOCHEN

Zusätzlich zu den links beschriebenen Zutaten der Court-Bouillon wird beim Blaukochfond dem Wasser noch 100 ml **Weißweinessig beigefügt.** Seine Säure verfärbt die Schleimschicht der Fische **intensiv blau,** wodurch diese appetitlicher aussehen.

Achten Sie beim Ausnehmen und Vorbereiten darauf, die **Schleimschicht nicht zu verletzen,** sonst wird der Fisch nicht gleichmäßig und intensiv blau.

ASIATISCHER POCHIERFOND

Ein Pochierfond mit asiatischen Aromen eignet sich für alle Arten von **Fischfilets oder Portionsstücken** und auch für **Meeresfrüchte.**

Für den Fond 1 TL Erdnussöl erhitzen, darin 1 gehackte Knoblauchzehe und 1 Messerspitze gemahlenen **Ingwer** kurz andünsten, dann 200 ml **Kokosmilch** zugießen. 1 klein geschnittene Stange **Zitronengras,** 3 Tropfen **geröstetes Sesamöl** und 1 TL **Austernsauce** in die Flüssigkeit rühren und alles etwa 2 Minuten köcheln. Den Fisch einlegen und pochieren.

MILCHSUD

Für Portionsstücke von **festfleischigen Meeresfischen** wie Hecht oder Kabeljau oder auch für Stockfisch (dafür das Salz weglassen) eignet sich zum Pochieren ein Milchsud. Dafür 250 ml Wasser mit ½ in Scheiben geschnittenen unbehandelten **Zitrone,** ½ grob geschnittenen **Zwiebel,** weißen **Pfefferkörnern** und 1 **Thymianzweig** aufkochen und 10 Minuten köcheln.

250 ml **Milch** und Salz zufügen und alles nochmals aufkochen. Dann den Sud erkalten lassen, den Fisch einlegen und **langsam darin erwärmen** und garen.

Fischfond

EIN GUTER FISCHFOND ergibt sich in der Fischküche fast von selbst, denn er entsteht aus den »Abfällen«, auch Abgänge oder Parüren bzw. Karkassen genannt, die beim Vorbereiten ganzer Fische anfallen. Verwenden können Sie Karkassen (ohne Innereien und Augen) von beliebigen und gegebenenfalls auch gemischten weißfleischigen Fischen wie Zander, Wolfsbarsch oder Dorade, oder Sie stellen einen speziellen Fond, etwa Lachsfond, nur aus Karkassen einer Fischsorte, in diesem Fall vom Lachs, her. Fischkarkassen bekommen Sie auch beim Fischhändler.

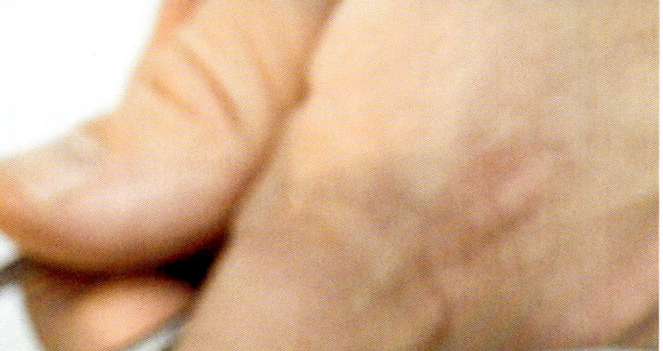

Grundrezept für Fischfond

Für ungefähr 2 ½ l Fischfond zerkleinern Sie 1 kg Weißfischkarkassen und entfernen dabei die Kiemen. Wässern Sie anschließend die Karkassen etwa 20 Minuten unter fließendem kaltem Wasser, bis das Wasser frei von Trübstoffen abläuft. Die Fischabschnitte abtropfen lassen.

Inzwischen 80 g Schalotten schälen und fein würfeln. 200 g Lauch (nur der weiße Teil), 100 g Petersilienwurzel, 80 g Staudensellerie waschen und putzen bzw. schälen. Den Lauch in Ringe schneiden, Petersilienwurzel und Staudensellerie würfeln.

3 EL Öl in einem großen Topf erhitzen, die Karkassen darin unter Wenden 3 bis 4 Minuten andünsten, das Gemüse zufügen und unter Wenden andünsten. ½ l trockenen Weißwein zugießen, aufkochen und reduzieren. Dann 2 l kaltes Wasser dazugießen, 1 Lorbeerblatt, 2 bis 3 Thymianzweige und ½ TL weiße Pfefferkörner zufügen. Wer möchte, kann auch mit Anis- und Fenchelsamen aromatisieren.

Den Fond sehr langsam aufkochen und 20 bis 30 Minuten köcheln lassen. Dabei immer wieder den entstehenden Schaum abschöpfen. Den fertigen Fischfond dann durch ein Haarsieb passieren und erkalten lassen.

Wichtig ist es, die Karkassen vor der Verwendung gründlich zu wässern, um eventuelle Blutreste zu entfernen, die den Fond trüben würden.

Ein Fischfond dient in der Fisch- und Meeresfrüchteküche als Grundlage für viele Suppen und Saucen. Eine schnelle Alternative ist fertiger Fond aus dem Glas, der aber geschmacklich meist nicht mit dem selbst gemachten mithalten kann, vorausgesetzt Sie achten auf eine gute Qualität· des Weins und der Kräuter und Gewürze.

GLACE DE POISSON

Hierunter versteht man die hoch konzentrierte Reduktion eines Fischfonds, die sich sehr gut zum Abschmecken von Saucen eignet. Dafür wird der fertige Fischfond nochmals so lange gekocht, bis er auf ein Viertel seiner Menge eingedampft ist. Fischfond und Glace de poisson können Sie gut portionsweise einfrieren, etwa in Eiswürfelbehältern, sodass Sie bei Bedarf immer etwas selbst gemachten Fond zur Verfügung haben.

Mit einem oder zwei in kaltes Wasser getauchten Esslöffeln von der Fischfarce Klößchen oder Nocken abstechen. Zwischendurch immer wieder die Löffel in kaltes Wasser tauchen. Die fertigen Klößchen in heißem Fisch- oder Pochierfond etwa 5 Minuten garen.

Klassische Beigabe zu Fischklößchen ist eine Dillsauce
aus Fischfond, Weißwein, Wasser, Salz und Dill,
vor dem Servieren mit dem Pürierstab aufgeschäumt.

Grundrezept Fischfarce

Achten Sie darauf, dass alle Zutaten kalt sind, damit das wärme-empfindliche Eiweiß nicht seine Bindekraft verliert und ausflockt.

EINE FISCHFARCE ist ein Püree aus rohem Fischfilet, das mit Eiweiß, Sahne und Gewürzen gemischt wird – klassische Hechtnockerl bindet man zusätzlich noch mit etwas Weißbrot. Sie können damit Pasteten füllen oder Klößchen für Suppen herstellen. Ideal ist eine Farce auch als »Bindemittel«, etwa um Fischfilet für eine Roulade mit einem umhüllenden Spinatblatt zu verbinden. Gut geeignet für die Zubereitung einer Farce sind Filets vom Zander, Lachs oder Hecht. Diese Fische haben ein besonders festes Fleisch, was für das Gelingen einer Farce sehr wichtig ist. Bei Fischen mit weichem Fleisch flockt die Farce leichter aus.

LACHSFARCE FÜR KLÖSSCHEN

Für eine Farce aus Lachs schneiden Sie 250 g frisches Lachsfilet in Würfel und stellen diese für 45 Minuten in das Tiefkühlgerät. Dann die Fischstücke mit Salz und Pfeffer würzen und wie in der Bildfolge unten gezeigt im Mixer mit 1 Eiweiß und 130 g Sahne fein zerkleinern. Die Lachsfarce mit etwas Meersalz und Pfeffer, nach Belieben 1 Spritzer Noilly Prat und Tabasco würzen. Streichen Sie anschließend die Farce durch ein Sieb, und heben Sie dann 65 g geschlagene Sahne unter. Von der Masse wie links gezeigt Klößchen abstechen und in siedendem Fischfond (siehe Seite 23) gar ziehen lassen.

Dazu passt eine Safransauce gut: 200 ml Fischfond um ein Drittel reduzieren, dann 200 g Sahne, den Saft von ½ Zitrone und 0,2 g Safran dazugeben und die Sauce aufkochen. 1 EL Butter erwärmen, etwas Mehl unterrühren und die Mehlbutter zum Binden in die Sauce rühren. Mischen Sie 2 EL geschlagene Sahne, einige kalte Butterwürfel und je 1 EL gemischte gehackte Kräuter (Estragon, Dill, Kerbel) unter, und schmecken Sie die Sauce ab.

Mehlbutter verwenden

15 g weiche Butter mit 1 EL Mehl verkneten und diese sogenannte Beurre manié zum Binden nach und nach unter die kochende Sauce ziehen, bis diese die gewünschte Konsistenz erreicht hat. Beurre manié eignet sich auch zum Andicken von Suppen.

(1) Das Lachsfilet sorgfältig von Gräten befreien, dann in Würfel schneiden und kalt stellen.

(2) Den gekühlten Lachs im Mixer zerkleinern, Eiweiß untermischen, Sahne zugießen, alles gut mischen.

(3) Die Farce durch ein Haarsieb streichen, um Bindegewebe und ggf. Klümpchen zu entfernen.

(4) Die Lachsfarce mit Salz, Pfeffer, ggf. Noilly Prat und Tabasco würzen.

Meeresfrüchte in der Küche

Eine besondere Delikatesse unter den Meeresfrüchten ist der Hummer.
Bereiten Sie ihn ganz frisch vor, möglichst sofort nach dem Einkauf.

MEERESFRÜCHTE GARANTIEREN kulinari-
sche Vielfalt, und viele von ihnen gehören zu den
Luxusprodukten auf unserem Speiseplan. Auch
wenn nicht alle Krustentiere, Schalentiere oder
Kopffüßer auf den ersten Blick so appetitlich aussehen wie der Hummer oder etwa eine Auster,
kann man sie doch mit dem richtigen Know-how
auf das Feinste zubereiten. Wichtig ist dabei gute
Qualität – bevorzugen Sie auch hier, genauso wie
beim Kauf von Fisch, Produkte aus ökologischer

Aquakultur, und achten Sie zum Beispiel bei Garnelen auf das Ökosiegel. Verwenden Sie Meeresfrüchte immer möglichst frisch, am besten sofort
nach dem Einkauf, denn vor allem lebend sollten
Sie die Tiere nicht lange aufbewahren.
Bei der Verarbeitung der wertvollen Krustentiere
gibt es genauso wie in der Fischküche eigentlich
keinen »Abfall«, denn aus dem, was übrig bleibt,
entstehen aromatische Fonds (siehe Seite 38/39)
als Grundlage für feine Saucen und Suppen.

Austern öffnen

Säubern Sie den Schalenrand der geöffneten Auster mit einem Pinsel und etwas Zitronenwasser, wenn Sie diese in der Schale servieren möchten.

FÜR VIELE GOURMETS gibt es nichts Köstlicheres, als eine frische Auster direkt aus der Schale zu schlürfen. Meist besteht die einzige geschmackliche Abrundung dabei aus einigen Spritzern Zitronensaft. Manche pfeffern das Austernfleisch auch leicht. Wenn Sie möchten, dass die Auster nur nach »Meer« schmeckt, verzichten Sie auf jegliche andere Aromen.

Wichtig ist bei den wertvollen Meerestieren, dass Sie bezüglich Qualität und Frische absolut sicher sind. Nur so können Austern unbedenklich roh verzehrt werden. Und dann fehlt zum Austerngenuss nur noch ein Getränk: Klassisch ist ein Glas trockener Weißwein, Sekt oder Champagner. In England, Irland und den USA wird auch gerne ein frisch gezapftes Bier zu Austern getrunken.

DIE SCHALEN FACHGERECHT ÖFFNEN

Das köstliche Innere der Auster liegt in einer harten und sehr fest verschlossenen Schale. Sie muss fachgerecht geöffnet werden, und zwar ohne dass Splitter ans Fleisch gelangen oder Kanten in der Schale zurückbleiben, an denen man sich beim Ausschlürfen verletzen könnte. Beim Öffnen hilft ein Austernmesser mit besonders spitzer Klinge oder ein Austernbrecher, Werkzeuge, die Sie im Fachhandel bekommen (siehe Seite 203).

Der Profi hält die Auster mit einem mehrfach gefalteten Küchentuch fest (Bild 1). Dies dient als Schutz vor Verletzungen, denn das Austernmesser muss mit viel Kraft eingestochen werden, beim Abrutschen würde die ungeschützte Hand verletzt werden. Das Tuch hilft gleichzeitig, dass die Auster beim Arbeiten nicht wegrutscht. Noch sicherer ist ein Stechschutzhandschuh aus Metall. Säubern Sie zunächst die Austern unter fließendem Wasser, und öffnen Sie sie dann wie in der Bildfolge unten gezeigt.

AUSTERN GAREN

Austern schmecken nicht nur roh, sie lassen sich auch sehr gut garen. Man kann das ausgelöste Fleisch beispielsweise pochieren, also etwa 20 Sekunden in siedendem Salzwasser oder – noch edler – in leicht gesalzenem Champagner ziehen lassen. Aus dem Sud mit frischen Kräutern, geschlagener Sahne und etwas kalter Butter eine Schaumsauce bereiten und zum Austernfleisch servieren. Oder Sie gratinieren die Austern. Dazu Eigelb mit einer Reduktion von Wein und Kräutern warm aufschlagen, bis das Eigelb bindet. Die Sauce mit geschlagener Sahne verfeinern, würzen, über die Austern in der Schale geben und diese im Ofen kurz gratinieren.

AUSTER ÖFFNEN

(1) Die Auster mit einem mehrfach gefalteten Küchentuch fixieren, dann mit einem spitzen Messer am Scharnier der Auster einstechen.

(2) Das Messer leicht drehen und die Schale aufhebeln. Den Muskel komplett von der Schale lösen und die obere Schalenhälfte abheben.

(3) Die Auster dann pur oder mit Zitronensaft beträufelt, nach Belieben auf gestoßenem Eis (siehe Seite 28), servieren.

Flusskrebse vorbereiten

Aus dem Alltagsgericht des 19. Jahrhunderts ist eine beliebte Delikatesse geworden – dank Aquakultur durchaus bezahlbar.

FLUSSKREBSE BESIEDELTEN FRÜHER fast jeden Bach und Fluss. Heute kommen sie nur noch vereinzelt in sauberen Fließgewässern vor. Die heutzutage im Handel angebotenen Tiere stammen aus Aquakulturen.

VERWENDUNG

Rohe Flusskrebse 2 bis 3 Minuten lang abkochen, kalt abschrecken, um den Garprozess zu unterbrechen und bis zur Weiterverwertung kühl stellen. Dann die Flusskrebse wie in der Bildfolge rechts gezeigt vorbereiten. Das ausgelöste Fleisch – gegessen wird vor allem das krebsrote Fleisch des Schwanzteils – kalt abspülen, gut trocken tupfen und bis zur Verwendung kühl stellen. Vor dem Servieren das Krebsfleisch, nach Belieben mit etwas Knoblauch und Kräutern wie etwa einem Thymianzweig, in der Pfanne sautieren. Falls Sie große Flusskrebse bekommen, können Sie auch die Scheren verwenden.

Gegarten Krebsschwanz nach rechts und links bewegen und dadurch »anknacken«. Dann den Schwanz vom Körper abziehen.

GEGARTE FLUSSKREBSE

fachgerecht auslösen

(1) Den **Rückenpanzer zusammendrücken**, sodass die dünne Bauchschalenseite bricht.

(2) Den Panzer **vorsichtig aufbiegen**, abziehen und das Fleisch aus dem Panzer herauslösen.

(3) Das Fleisch auf der Rückenseite längs einschneiden und den **Darm herausziehen**.

Garnelen vorbereiten

*Garnelen der unterschiedlichsten Arten und Größen sind eine
Delikatesse, die in der Seafood-Küche vielseitig verwendbar ist.*

ALS GARNELEN WERDEN Meerestiere unterschiedlicher Verwandtschaftsgruppen bezeichnet. Ihre Handelsnamen beziehen sich meist auf Größenklassen oder auf die Herkunft. Oft sind sie auch aus anderen Sprachen übernommen.

Sehr geschätzt ist die als Nordseekrabbe bekannte Sandgarnele, die auch als Crevette oder Shrimp angeboten wird. Man bekommt sie auch beim Fischhändler selten fangfrisch, meist wurden sie direkt nach dem Fang gepult, tiefgefroren und beim Händler wieder aufgetaut. Fragen Sie am besten beim Einkauf nach.

Weitere beliebte Garnelen sind die in verschiedenen Größen erhältlichen Black Tiger Prawns (siehe Bild Seite 33 rechts oben) oder die auch als Riesengarnelen bezeichneten »King prawns«.

GARNELEN VORBEREITEN

Frische Garnelen werden wie in der Bildfolge rechts gezeigt vorbereitet, falls Sie diese in Teighülle frittieren oder anderweitig eingehüllt garen möchten. Zum Braten, Kochen oder Grillen bleibt die Schale erst einmal daran, denn sie schützt vor dem Austrocknen und gibt zusätzlich Aroma ab. In diesem Fall werden die Garnelen erst nach der Zubereitung geschält.

Falls Sie tiefgekühlte Ware verwenden, lassen Sie die Garnelen am besten über Nacht in einem Sieb im Kühlschrank auftauen, so bleiben sie saftig und aromatisch. Oder Sie geben die gefrorenen (ungeschälten und nicht zu großen) Garnelen direkt in sehr heißes Öl und braten sie kurz unter Wenden bei etwas reduzierter Hitze.

*Nordseekrabben schmecken sehr gut
auf gebuttertem frischem Schwarzbrot
mit etwas Limetten- oder Zitronensaft
beträufelt und mit Dillspitzen garniert.*

GARNELEN SCHÄLEN UND VERWENDEN

Im Bild rechts sehen Sie vier verschiedene Garnelentypen in unterschiedlichen Größen (von oben nach unten):
· Black-Tiger-Garnelen (Größe: U4), roh
· Black-Tiger-Garnelen (Größe: 16/20), roh
· Black-Tiger-Garnelen (Größe: 20/30), gegart
· Crevetten (Größe: 40/60), gegart

(1) **Riesengarnelen:** Den Schwanz vom Kopfteil abdrehen. Den Kopf evtl. für einen Fond verwenden.

(2) Dann am Garnelenschwanz die Schale vom Bauch aus rundherum mit den Fingern aufbiegen.

(3) Das Schwanzfleisch vorsichtig herausziehen. Die Schale wegwerfen oder für einen Fond verwenden.

(4) Das Schwanzfleisch auf der Rückenseite längs etwas einschneiden, um den Darm freizulegen.

(5) Den Darm am vorderen Ende mit den Fingern fassen und vorsichtig aus dem Fleisch herausziehen.

(6) Das Garnelenfleisch anschließend unter fließendem kaltem Wasser gründlich abspülen ...

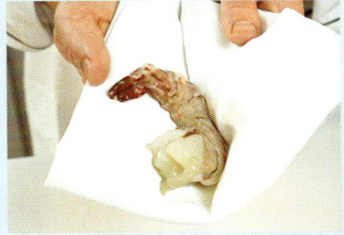

(7) ... und vor der Zubereitung (insbesondere dem Braten) gut trocken tupfen.

(1) **Kleine Garnelen:** Auch hier zunächst den Garnelenschwanz vom Kopfteil abdrehen.

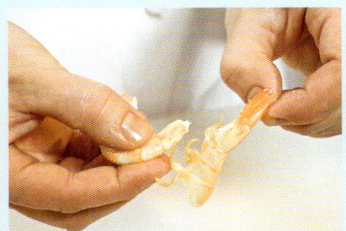

(2) Dann die Schale aufbrechen und das Schwanzfleisch vorsichtig herauslösen.

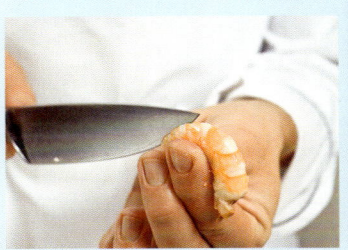

(3) Das Garnelenfleisch am Rücken längs einschneiden, um den Darm entfernen zu können.

(4) Die Garnele von der dicken Seite her halb einschneiden, dann mit Öl, Knoblauch und Thymian braten.

Hummer und Languste garen

Kaufen Sie Hummer am besten lebend. Gute Qualität erkennen Sie an der Vitalität des Tieres. Nur ein Hummer, der Schwanz und Scheren kräftig bewegt, ist wirklich frisch.

IM HANDEL ERHÄLTLICH sind der braunorange Amerikanische Hummer und der teurere – weil viel seltenere – bläulich braune Europäische Hummer. Die Farbunterschiede erkennen Sie am besten an der Schwanzfächerunterseite. Lebende Hummer und Langusten sollten Sie kalt lagern und noch am Tag des Kaufs verarbeiten. Tiefgekühlter Hummer ist in der Qualität nicht mit frischem zu vergleichen.

Grundsätzlich gilt: Einen agilen Hummer kaufen (Normgröße 500 bis 600 g), sofort verarbeiten, 9 bis 11 Minuten kochen und rasch abkühlen lassen. Ist der Hummer schwerer, rechnet man pro weitere 100 g je 1 Minute mehr an Garzeit.

Lassen Sie wie links gezeigt Hummer oder Languste kopfüber in einen ausreichend großen Topf mit sprudelnd kochendem Salzwasser bzw. Court-Bouillon (Seite 20) gleiten. Sie können das Wasser auch mit Fenchel- und Koriandersamen und Lauch, Sellerie oder Zwiebel aromatisieren. Nach etwa 2 Minuten Kochzeit ist der Hummer tot. Nun können Sie ihn herausnehmen, halbieren und fertig braten oder grillen oder weitere 10 bis 12 Minuten (bei einem Gewicht von etwa 500 g) im Sud garen und wie rechts gezeigt verarbeiten.

Wichtig für schnelles Töten eines Hummers oder einer Languste ist ein großer Topf und sehr viel sprudelnd kochendes Wasser. Geben Sie das Tier kopfüber rasch ins Wasser; die Gummibänder an den Scheren belassen.

GEKOCHTEN HUMMER ZERTEILEN

(1) Den Hummer aus dem Topf heben und in Eiswasser tauchen, um den Garprozess schnell zu beenden.

(2) Die Scherenarme dicht am Körper mit einer Geflügelschere abschneiden.

(3) Am Rücken mit einem scharfen Messer mittig vom Schwanzende Richtung Kopfteil durchschneiden. Dann in die andere Richtung den Schwanz senkrecht halbieren.

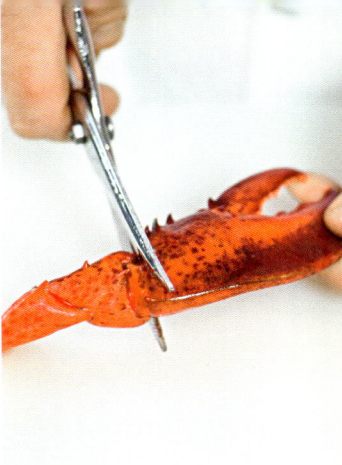

(4) Den »Arm« vom Scherenteil abschneiden, diesen längs aufschneiden, das Fleisch ausbrechen.

(5) Die Scheren oben längs, dann unten bis zum Ansatz des unteren Scherengliedes aufschneiden, ...

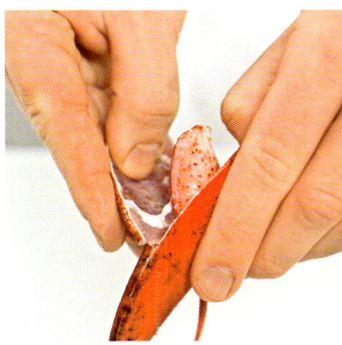

(6) ... dieses nach rechts und links bewegend »anknacken«, vorsichtig herausziehen, Fleisch auslösen.

Besonders für Gerichte, bei denen Hummerfleisch nur glasig gegart serviert wird – etwa bei einem Carpaccio –, sollten Sie das Tier unbedingt selbst abkochen.

Hummerschwanz auslösen

Das ausgelöste Hummerschwanzfleisch kann im Ganzen, in Medaillons oder in feinste Carpaccio-Scheiben geschnitten serviert werden.

(1)

INSBESONDERE FÜR EINTOPFGERICHTE mit Hummer, aber auch für kalt servierte Hummergerichte wie etwa das Carpaccio von Seite 201 werden die Tiere nur kurz in Flüssigkeit gegart (siehe Seite 34/35) und dann so zerlegt wie in der Bildfolge rechts unten gezeigt. Die ausgelösten Hummerteile können Sie bis zur Weiterverarbeitung abgedeckt im Kühlschrank 1 Tag aufbewahren. Nachfolgend drei klassische Hummergerichte mit ausgelöstem Fleisch bzw. den Karkassen.

HOMARD À L'ARMORICAINE

Sie benötigen für 4 Personen 2 Hummer von je etwa 500 g Gewicht. Garen Sie diese wie auf Seite 34 gezeigt und beschrieben, und lösen Sie die Hummerteile wie in der Bildfolge unten gezeigt aus. Erhitzen Sie Olivenöl in einer großen Pfanne, geben Sie 1 EL Butter sowie klein geschnittene Schalotten, Knoblauch und je 50 g Gemüsewürfel

HUMMER- ODER LANGUSTEN-SCHWANZ AUSLÖSEN

(1) Den Schwanz durch Bewegungen nach rechts und links lockern, aus dem Mittelteil herausziehen.

(2) Hummerschwanz mit einer Küchenschere rechts und links am Bauch entlang aufschneiden.

(3) Den Bauchpanzer abklappen und das Fleisch vorsichtig herauslösen.

(4) Das ausgelöste Schwanzfleisch auf der Rückenseite mit einem spitzen Messer längs einschneiden und den Darm ziehen.

von Staudensellerie, Knollensellerie, Möhre, Fenchel und Kartoffel dazu. Alles anbraten, mit Weißwein ablöschen, dann 300 ml Fischfond (siehe Seite 23) und 100 ml passierte Tomaten untermischen. Die Sauce um die Hälfte einkochen lassen, gewürfelte Tomaten und Estragon dazugeben. Schmecken Sie die Sauce dann ab und binden Sie sie mit Butter oder Öl. Die Hummerteile in die Sauce einlegen und darin erwärmen.

HUMMER-BISQUE

Bereiten Sie den Hummer wie auf den Seiten 34/35 beschrieben vor und lösen Sie den Hummerschwanz wie in der Bildfolge unten gezeigt aus. Die Karkassen werden für die Hummer-Bisque gesäubert, kalt abgespült und trocken getupft. Dann braten Sie sie in einem Topf in heißem Öl bei starker Hitze an und löschen mit etwas Cognac ab. In einem zweiten Topf 1 EL Butter zerlassen und Lorbeerblatt, Nelke, Wacholderbeeren, Estragon- und Thymianzweig sowie 200 g klein geschnittenes Gemüse wie Möhren, Lauch, Staudensellerie, Schalotten, Knoblauch und 2 Tomaten 10 Minuten darin anbraten, 50 g Tomatenmark einrühren und das Ganze kurz ziehen lassen. Alles zu den Karkassen geben, so viel Wasser angießen, dass diese knapp bedeckt sind. Das Ganze aufkochen, etwa 1 ½ bis 2 Stunden

schwach kochen lassen und immer wieder den Schaum abschöpfen. Danach die Flüssigkeit durch ein Sieb passieren. Drei Viertel der Menge abnehmen – den Rest anderweitig verwenden – mit 250 ml Hummerfond (siehe Seite 38/39) und dem Hummerfleisch erhitzen. 150 g Crème double und 4 EL geschlagene Sahne untermischen. Die Bisque mit Cognac und Salz abschmecken, sofort servieren.

HUMMER-COCKTAIL

Die Abwandlung des klassischen Krabbencocktails ist eine exquisite Vorspeise mit ausgelöstem Hummer- oder Langustenfleisch. Dafür Hummer oder Languste wie auf Seite 34/35 sowie in der Bildfolge unten beschrieben kochen und auslösen, dann in Würfel schneiden. 2 Grapefruits halbieren, das Fruchtfleisch herausheben und würfeln. Das Hummerfleisch mit einem klein geschnittenen hart gekochten Ei, 1 bis 2 TL Limettensaft, Salz, Cayennepfeffer sowie etwas Mayonnaise verrühren. Die Grapefruitwürfel untermischen und das Ganze in die Grapefruithälften füllen. Mit Dillzweigen und Zesten einer Bio-Limette garnieren.

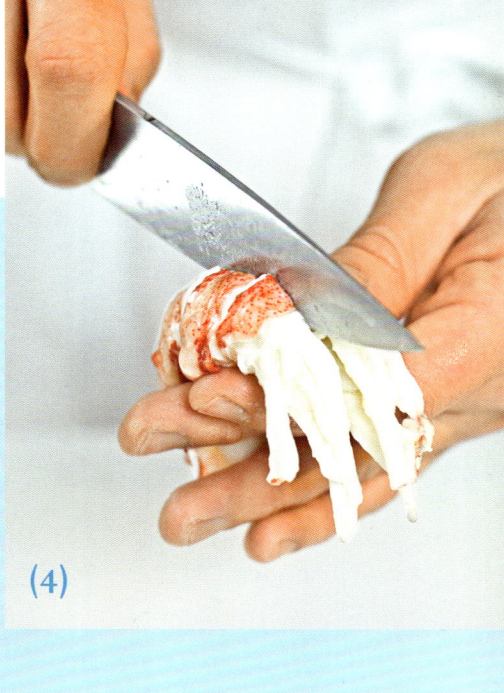

(4)

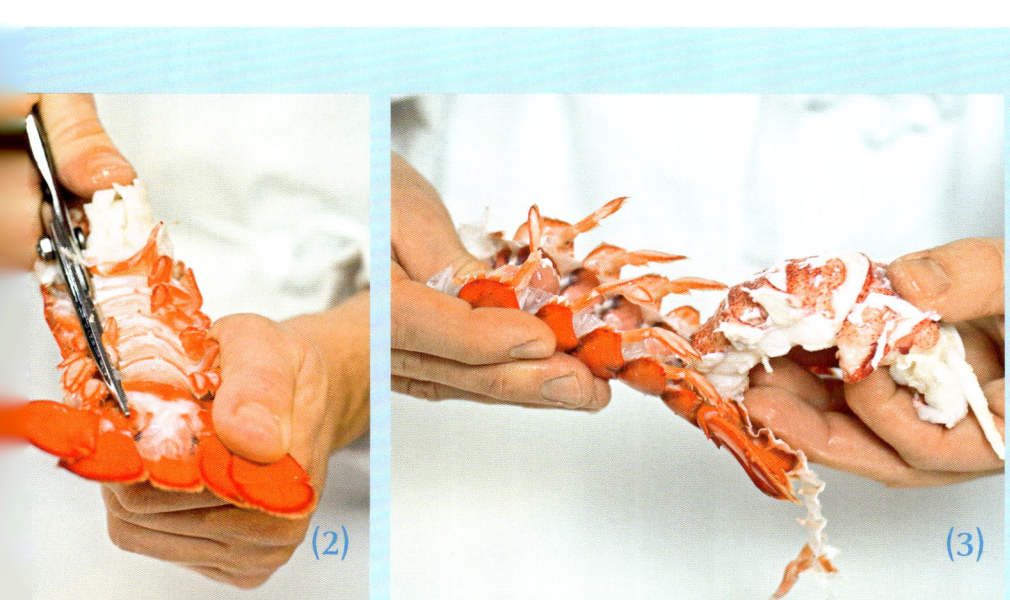

(2)

(3)

KRUSTENTIERFOND

(1) Klein gehackte Karkassen von Hummer, Langusten oder Krebsen in einem großen Topf in etwas Öl unter Rühren anrösten, mit Portwein oder Cognac ablöschen und mit Fond aufgießen.

(2) Beim Rösten immer wieder rühren, damit die Karkassen nicht zu dunkel werden, denn das würde den Geschmack des Fonds beeinträchtigen. Hell- bis goldbraun ist ideal.

(3) Den fertigen Fond mehrmals durch ein Sieb abgießen, dann weiterverwenden oder portionsweise einfrieren.

Hummerfond zubereiten

Hummerfond ist als Grundlage für feine Suppen und Saucen das Basisrezept der Seafood-Küche. Bereiten Sie ihn am besten selbst zu – gleich auf Vorrat.

DA DIE HERSTELLUNG eines Hummer- bzw. Krustentierfonds recht aufwendig ist, sollten Sie gleich einen Vorrat davon anlegen. Was Sie nicht sofort benötigen, gefrieren Sie portionsweise, etwa in Eiswürfelformen, ein. Die Grundzubereitung von Hummer-, Langusten-, Garnelen- oder Krebsfond ist immer die gleiche. Sie können jeweils die Karkassen, also die Schalen des gesamten Tieres, verwenden. Wenn Sie die Krustentiere nicht selbst auslösen möchten, nehmen Sie die Karkassen von Ihrem Fischhändler mit. Kaufen Sie gegebenenfalls noch weitere Karkassen dazu, falls die Menge der von Ihnen zubereiteten Krustentiere nicht ausreichend ist.

GRUNDREZEPT

Für etwa 1 l Hummerfond benötigen Sie etwa 1 kg Hummerkarkassen. Diese sorgfältig reinigen und eventuelle Gewebereste entfernen. Dann spülen Sie die Karkassen gründlich kalt ab und lassen sie in einem Sieb abtropfen. Inzwischen schneiden Sie Röstgemüse klein (etwa 250 g Möhren, 50 g Staudensellerie, 50 g Lauch, 50 g Schalotten und 2 Knoblauchzehen) und achteln 2 Tomaten. Die Hummerkarkassen mit einem schweren Messer zerkleinern und in einem großen Topf in Öl anrösten. Das Gemüse und 1 EL Tomatenmark dazugeben, mit etwas Portwein und Cognac ablöschen, dann Fischfond (siehe Seite 23) aufgießen. Mit Anis, Koriander und nach Belieben Kümmel würzen. Nochmals etwas Portwein und Cognac zufügen, alles aufkochen, dabei öfter umrühren. Das Ganze etwa 45 Minuten köcheln lassen, dabei den Schaum mehrfach abschöpfen. Den fertigen Hummerfond erst durch ein grobes, dann durch ein Haarsieb passieren.

(2)

(3)

SAUCEN ZU MEERESFRÜCHTEN UND FISCH

HUMMERSAUCE ORIENTALISCH

Etwa 1 l **Hummerfond** wie auf den Seiten 38/39 beschrieben zubereiten. Zusätzlich folgende **Gewürze** hinzugeben: 1 Sternanis, 2 Kardamomkapseln, 1 EL Rosinen, 1 Stück Ingwer und 2 Muskatblüten. Damit die Sauce nicht zu dünnflüssig wird, noch 1 kleine, **mehligkochende Kartoffel** hineinreiben und 50 g kalte **Butter** mit dem Pürierstab einmontieren.

Für die **klassische Hummersauce** dem Fond lediglich vor dem Passieren 150 g Sahne oder Crème double zufügen. Alles 15 Minuten köcheln, durch ein Sieb passieren.

WEISSWEINSAUCE

Scheiben von 1 Schalotte mit 100 ml trockenem Weißwein und 3 cl Noilly Prat aufkochen, 400 ml **Fischfond** (siehe Seite 23) zugießen und reduzieren. Anschließend 250 g **Sahne** dazugeben, unter Rühren aufkochen und 5 bis 10 Minuten köcheln, bis die Sauce sämig wird.

Dann die Sauce durch ein Sieb in einen Topf gießen und 20 g **kalte Butterstückchen** einrühren. Die Sauce mit dem Pürierstab aufschäumen und mit Salz, Cayennepfeffer und Zitronensaft **abschmecken.** Nach Belieben mit frischem Kerbel und Limettensaft verfeinern.

KOKOSSAUCE

2 EL gelbe **Sojabohnen** aus dem Glas abspülen, abtropfen lassen und in einer Schüssel zerdrücken. 3 geputzte rote **Chilischoten** im Mörser zerreiben und mit jeweils 2 klein geschnittenen Zwiebeln und Knoblauchzehen sowie 1 TL gehacktem **Ingwer** in etwas Öl in einer Pfanne andünsten.

Das Sojabohnenmus dazugeben, 2 Minuten mitdünsten, dann 1 TL braunen Zucker und 250 ml **Kokosmilch** untermischen. Die Sauce unter Rühren aufkochen und bei schwacher Hitze köcheln, bis sie sämig wird.

SAUCE GRIBICHE

Das Eiweiß von 3 **hart gekochten Eiern** fein hacken, das Eigelb durch ein feines Sieb streichen. Nach und nach 30 ml **Distelöl** in feinem Strahl dazugeben und mit dem Schneebesen verrühren. Etwas Aceto balsamico, 1 TL grobkörnigen scharfen **Senf** und 1 TL **Tomatenmark** unterrühren.

Das gehackte Eiweiß, 1 EL gehackte **Kapern** und einige Blättchen klein geschnittenes Basilikum untermischen. Die Sauce mit gehacktem **Knoblauch,** Salz und etwas Zucker pikant abschmecken.

Kaisergranat verwenden

Der hummerähnliche Krebs wird auch unter seinen italienischen und französischen Namen »Scampo« bzw. »Langoustine« angeboten.

LEBENSRAUM DER KAISERGRANATE ist das kalte Wasser des Nordostatlantiks bis hinunter zur marokkanischen Küste sowie das Mittelmeer. Die Krebse werden bis zu 25 cm groß und besitzen schlanke langgestreckte Scheren. Bei uns werden Kaisergranate sowohl frisch als auch tiefgefroren angeboten. Lebendfrische Kaisergranate erkennen Sie an ihrer hellrosa Farbe und dem transparenten Muskelfleisch. Tiere, die bereits zu lange lagern, färben sich mehr und mehr orange, und die Muskulatur wird undurchsichtig weiß.

UNTERSCHIED ZUR RIESENGARNELE

Oft werden Kaisergranate mit Riesengarnelen verwechselt, was nicht zuletzt an der häufigen Bezeichnung als »Scampo« liegt. Dies ist im Italienischen der Name des Kaisergranats. Hierzulande werden jedoch vielfach auch Garnelen als Scampi verkauft.

Zweifellos bestehen zwischen den beiden Krustentieren Ähnlichkeiten, insbesondere das ausgelöste Schwanzfleisch ist kaum zu unterscheiden. Sind Riesengarnele und Kaisergranat aber ungeschält, gibt es eindeutige Unterscheidungsmerkmale: Der Kaisergranat hat insgesamt einen breiteren Schwanz (in der Form wie bei einem Hummer), der am Ende weit gefächert ist. Der Schwanz der Riesengarnele dagegen ist im Querschnitt länglich oval und am Ende sehr schmal. Im Bild auf Seite 42 sehen Sie ganz links das Schwanzteil des Kaisergranats, rechts daneben dasjenige einer Riesengarnele.

Häufig findet man Kaisergranate auch als Langoustinen im Handel und auf Speisekarten, abgeleitet von ihrem französischen Namen »langoustines« (wiederum nicht zu verwechseln mit den spanischen »langostinos«, womit Riesengarnelen bezeichnet werden).

VERWENDUNG

Falls Sie tiefgekühlte Kaisergranate verwenden, sollten Sie diese sehr langsam in einem Sieb im Kühlschrank auftauen lassen. Das hat nicht nur hygienische Gründe (Kaisergranatfleisch ist wie Meeresfrüchte generell sehr verderbsempfindlich). Durch das sehr langsame Auftauen verliert das Fleisch auch am wenigsten Wasser, und es bleibt beim Garen saftig.

Frische Kaisergranate brechen Sie aus wie in der Bildfolge unten gezeigt und beschrieben. Generell ist die Fleischausbeute recht gering: 1 kg frische Kaisergranate ergeben nur 200 g verwertbare Schwänze ohne Schale. Aber sie schmecken ausgezeichnet, ob gekocht, gebraten oder gegrillt.

(1)

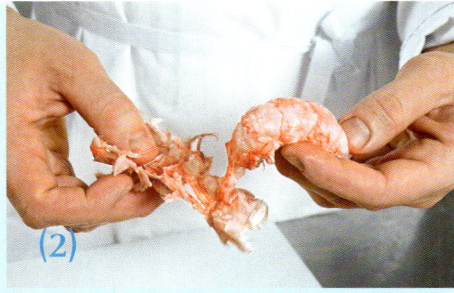
(2)

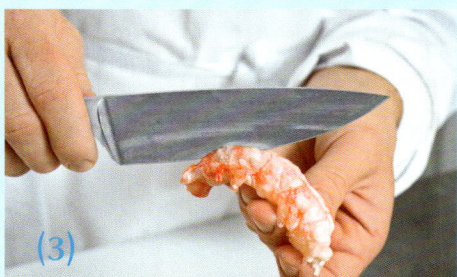
(3)

KAISERGRANAT AUSBRECHEN

(1) Den Kaisergranat an Kopf und Schwanz mit den Händen fassen und das Schwanzteil vom Körper abdrehen.

(2) Dann das Schwanzteil vorsichtig mit den Fingern aus der Schale lösen.

(3) Die Rückenseite des Schwanzfleischs mit einem scharfen Messer entlang des Rückens aufschneiden und den Darm entfernen.

Muscheln

Hauptmerkmal von Muscheln und auch Schnecken sind ihre harten Schalen, weshalb sie auch als Schaltiere bezeichnet werden. Die Schale dient ihnen zum Schutz, während sie mit den Kiemen atmen und die Nahrung aus dem Wasser filtern. Allerdings nehmen Muscheln so auch Schadstoffe auf, weshalb man bei der Verwendung von Muscheln ganz besonders auf Herkunft achten sollte. Heute kommen die eiweißhaltigen, fettarmen und delikaten Schaltiere vorwiegend aus Aquakultur, da die Wildbestände sehr zurückgegangen sind. Das garantiert dem Verbraucher ein ganzjähriges Angebot und kontrollierte Qualität.

VERWENDUNG

Muscheln kommen hierzulande bereits geputzt in den Handel. Wer beispielsweise Miesmuscheln in mediterranen Ländern kauft, wäscht sie anschließend gründlich unter fließendem Wasser und entfernt die Bärte (die sog. Byssusfäden). Bereits geöffnete Muscheln leben meist nicht mehr und können daher nicht verwendet werden.

Klassische Zubereitungsart für Muscheln ist das Garen im Sud, zum Beispiel mit Weißwein und frischen Kräutern oder mit Tomaten wie im Rezept rechts beschrieben. Sie können Muscheln aber auch in Salzwasser garen, das Fleisch aus den Schalen lösen und es dann gratinieren. Oder Sie verwenden die gegarten Meerestiere in der Schale als Blickfang in einem Gericht: z. B. ganze Venusmuscheln in Spaghetti Vongole.

Rechnen Sie beim Kauf von Muscheln mit einem Ausschuss von etwa 10 Prozent, denn vor dem Kochen geöffnete Exemplare sowie nach dem Garen noch geschlossene müssen Sie wegwerfen.

Muschelsud mit Tomaten und Koriander

Eine aromatische Alternative zum klassischen Muschelsud: 700 g Tomaten kreuzweise einschneiden und in kochendem Wasser kurz blanchieren. Herausnehmen, kalt abschrecken und häuten. Die Tomaten vierteln und die Kerne und Stielansätze entfernen. Das Tomatenfleisch in Würfel schneiden. 150 g gewürfelte Schalotte und 2 gehackte Knoblauchzehen in 2 EL Olivenöl in einem breiten Topf andünsten und 1 klein gehackte Chilischote zugeben. Wer es weniger scharf möchte, schneidet die Chili längs auf und entfernt Kerne und Trennwände. Die Tomatenwürfel und 100 ml Gemüsebrühe zu den Zutaten in den Topf geben und alles aufkochen. Geputzte Muscheln in den Sud legen und zugedeckt garen, bis sie sich geöffnet haben. Dann aus dem Sud heben, noch geschlossene Muscheln aussortieren und wegwerfen! Die übrigen mit ½ Bund fein geschnittenem Koriandergrün bestreut servieren.

JAKOBSMUSCHELN

Muschelfleisch auslösen

(1) **Das Muschelfleisch** mit einem Messer vorsichtig aus der Schalenhälfte lösen.

(2) **Weißes Muskelfleisch** und das **orange-farbene Corail** von den übrigen Organen trennen. Beides kalt abspülen und trocken tupfen.

(3) **Das Muschelfleisch** bis zur Verwendung kühl stellen. Es schmeckt roh und gegart.

Jakobsmuscheln

Achten Sie beim Pochieren, Grillen oder Braten von Jakobsmuscheln darauf, das Muschelfleisch nur kurz zu garen, denn sonst wird das zarte Fleisch schnell zäh.

DIE AUCH PILGERMUSCHEL genannte Jakobsmuschel gehört zu den bekanntesten unter den Kammmuscheln. Sie ist im gesamten Mittelmeerraum sowie an der Atlantikküste Spaniens, Portugals und Marokkos verbreitet. Bei uns kommen Jakobsmuscheln vor allem von November bis März frisch in den Handel. Es gibt aber auch Tiefkühlware mit bereits ausgelöstem Fleisch, teils nur das Muskelfleisch ohne den orangen Rogen.

JAKOBSMUSCHELN VORBEREITEN

Frische Jakobsmuscheln öffnen Sie, indem Sie die gewölbte Muschelschale in eine Hand nehmen, sodass die flache Schalenhälfte der Muschel nach oben zeigt. Jetzt diese mit einem spitzen, scharfen Messer aufhebeln (siehe Bild links) und dabei den daruntersitzenden Muskel dicht an der oberen Schale durchtrennen. Ist die obere Schale abgehoben, sieht man das in der unteren Schalenhälfte liegende weiße Muskelfleisch, das »Nüsschen« sowie den orangefarbenen Rogen, das »Corail«.

Die dekorativen gewölbten Schalenhälften können Sie nach dem Auslösen des Fleisches (siehe die Bildfolge unten) gut als kleine Tellerchen, beispielsweise zum Gratinieren oder Anrichten des Muschelfleischs, verwenden.

JAKOBSMUSCHELN ZUBEREITEN

Klassisch und ganz schnell zubereitet sind Nüsschen und Corail, wenn Sie sie mit Salz und Pfeffer gewürzt in Butter oder Olivenöl und einem Thymianzweig in einer Pfanne 1 bis 2 Minuten braten. Die Garzeit sollte auf keinen Fall zu lang sein. Ideal eignen sich Jakobsmuscheln außerdem zum Grillen oder auch zum Gratinieren. Dafür beispielsweise Lauch und Champignons klein schneiden und in Butter andünsten, dann mit Weißwein ablöschen. Crème fraîche einrühren, mit Salz, Pfeffer und Zitronensaft abschmecken. Die Mischung auf die Muscheln in den Schalenhälften geben, diese bei 180°C 15 Minuten überbacken, mit Petersilie bestreut servieren.

(1)

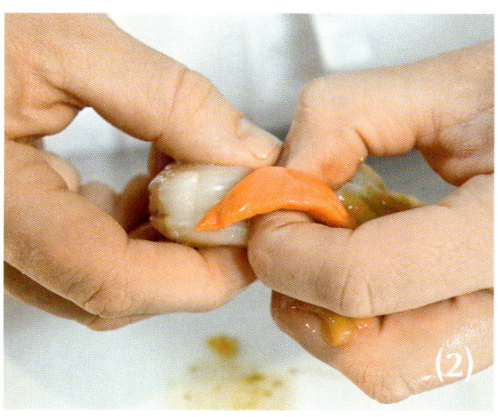
(2)

(3)

Sepia vorbereiten

*Sepien, Kalmare und Kraken gehören zu den Kopffüßern, und
alle sind Tintenfische. Es gibt aber Unterschiede in der Zubereitung
und Verwendung.*

GEMEINSAM IST DEN SEPIEN, Kalmaren und
Kraken, dass sie Arme haben – Sepien und Kalmare besitzen jeweils zehn, die Kraken nur acht –
und einen Tintenbeutel, mit dessen Inhalt die Tiere bei Gefahr blitzschnell ihre Umgebung vernebeln können und so dem Feind die Sicht nehmen.
Beim Kauf von küchenfertigen Tintenfischen
wurde die Tinte meist schon entfernt. Fragen Sie
Ihren Fischhändler danach, denn die Tinte ist
eine natürliche Lebensmittelfarbe und eignet sich
gut zum Einfärben von Nudeln, Risotti oder zum
Abrunden und Würzen von Saucen.

Frische Sepien küchenfertig zu machen ist einfach, wenn Sie sich an die Anleitung auf diesen
Seiten halten. Sie können auch bereits ausgenommene und gehäutete Sepien kaufen, dann entfallen die entsprechenden Vorbereitungsschritte.
Ganze Sepien können Sie gut füllen, braten oder
grillen, oder Sie bereiten sie auf asiatische Art
zu: Den Körperbeutel in Stücke schneiden, diese
längs und quer ein-, aber nicht durchschneiden,
einmal frittieren, um die Stücke zu garen, danach
in mit etwas Wasser angerührtem Reismehl wenden und ein zweites Mal knusprig frittieren.

*Auch bereits küchenfertig gekaufte
Sepien vor der Verwendung gründlich
unter fließendem kaltem Wasser von
innen und außen abspülen.*

SEPIEN KÜCHENFERTIG MACHEN

(4) Körperbeutel längs aufschneiden und die harte Schale (Schulp) sowie die Eingeweide entfernen.

(1) Zunächst das Kopfteil der Sepia unterhalb der Augen von den Fangarmen abschneiden.

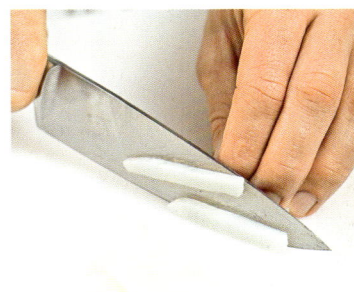

(5) Dann das Fleisch parieren, d. h. Hautreste abziehen und unschöne Stücke abschneiden.

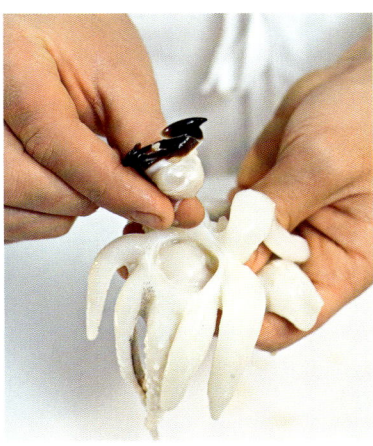

(2) Die Kauwerkzeuge zwischen den Armen herausdrücken, entfernen

(3) Anschließend von den Fangarmen die Augenpartie abschneiden.

(6) Den Körperbeutel in garfertige Stücke schneiden.

Zum Füllen von Sepien den Körperbeutel nicht wie in Bild 4 gezeigt längs aufschneiden, sondern Schulp und Eingeweide vorsichtig durch die bereits bestehende Öffnung entnehmen.

Umgang mit Kalmaren

Aufgrund ihrer langen schlanken Form eignen sich die Körperbeutel von Kalmaren ideal zum Füllen.

KALMARE UND DIE kleineren Calamaretti sind insbesondere im Mittelmeer weit verbreitet und treten in großen Schwärmen auf. Der Gemeine Kalmar kann bis zu 50 cm lang und 2 kg schwer werden. Kleiner und mindestens ebenso beliebt sind die Calamaretti (siehe die Bildfolge rechts, Steps 8 bis 11); der italienische Name bedeutet Mini-Kalmare. Beide, Kalmare und Calamaretti, kommen bei uns frisch in den Handel. Kaufen Sie bereits küchenfertig Ware, oder bereiten Sie die Produkte wie auf diesen Seiten gezeigt selbst vor.

KALMARE KÜCHENFERTIG MACHEN

Spülen Sie die Kalmare unter fließendem Wasser gründlich ab, und verfahren Sie weiter wie rechts gezeigt. Wichtig ist es, die Außenhaut der Kalmare zu entfernen, denn sie wird beim Braten zäh und reißt unschön ein.

KALMARE VERWENDEN

Kalmare und Calamaretti können Sie – im Ganzen bzw. in Ringe geschnitten – braten, grillen oder frittieren. Weil dabei mit sehr hohen Temperaturen gegart wird, darf das Fleisch aber nur 2 bis 3 Minuten garen, es wird sonst hart und zäh. Man kann Kalmare auch schmoren, dann sind sie je nach Größe in 30 bis 45 Minuten gar. Vor allem die kleinen Calamaretti eignen sich hervorragend zum Füllen: Dazu Zwiebeln in Olivenöl mit Knoblauch und Rosmarin anbraten, Tomatenwürfel dazugeben, mit etwas Paniermehl binden. Mit Salz, Pfeffer und Aceto balsamico abschmecken und kurz aufkochen. Die Calamaretti damit füllen, zustecken und rundum kurz braten.

Den Tintenschlauch vorsichtig aus dem Körperbeutel entnehmen und – falls Sie die Tinte nicht verwenden möchten – wegwerfen. Ansonsten streichen Sie die Tinte dann in ein Gefäß aus.

KALMARE VORBEREITEN

Auf dem Bild rechts
sehen Sie eine Auswahl
an Kalmaren:
· Ganz rechts ein großer
Kalmar, links daneben
die etwas kleineren
Calamaretti.

· Die kleinen Kalmare
können – küchenfertig
vorbereitet – auch gut im
Ganzen gegart werden,
oder Sie füllen sie wie
unten (Bild 8 bis 11)
gezeigt.

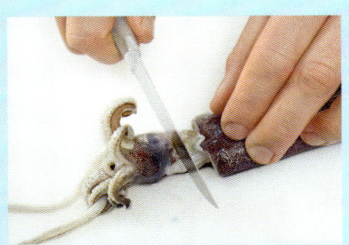

(1) Großen Kalmar vorbereiten:
Fangarme mit den Augen vom
Körperbeutel abschneiden.

(2) Die Augenpartie von den Fangarmen abschneiden, es verbleibt ein
Ring, der die Arme zusammenhält.

(3) Das Kauwerkzeug zwischen den
Fangarmen mit den Fingern nach
unten herausdrücken und entfernen.

(4) Den Körperbeutel längs aufschneiden, damit man die Innereien
entfernen kann.

(5) Zunächst den Tintenschlauch,
ohne ihn zu verletzen, vom Fleisch
ablösen und abziehen.

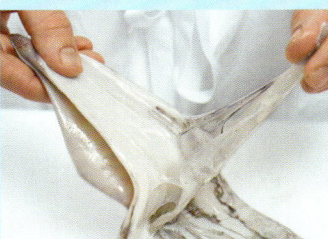

(6) Anschließend das Fischbein aus
dem Körperbeutel herausnehmen
und entfernen.

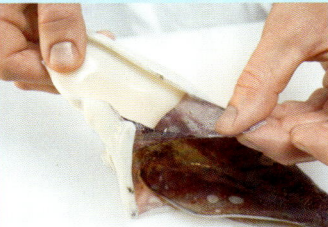

(7) Die Außenhaut an einem Ende
lösen und vom Körperbeutel abziehen, denn sie wird zäh beim Braten.

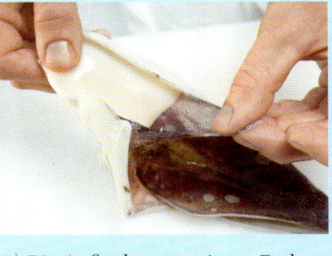

(11) Die Calamaretti mit Spießchen
zustecken, in Öl mit einem Thymianzweig beidseitig kurz braten.

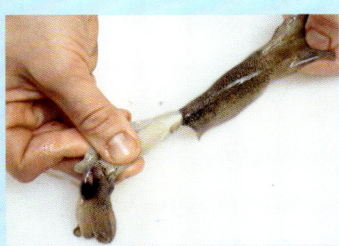

(8) Calamaretti putzen, füllen: Fangarme vom Beutel abziehen, Innereien
und Fischbein mit herausziehen.

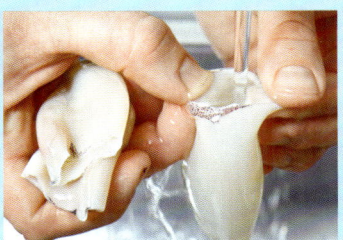

(9) Körperbeutel gründlich unter
fließendem Wasser von innen und
außen spülen, dann trocken tupfen.

(10) Mit einem Spritzbeutel mit
weiter Tülle die vorbereitete Füllung in die Körperbeutel füllen.

Um die Kauwerkzeuge herauszudrücken, stülpen Sie den Kraken mit der Innenseite nach oben. Dann drücken Sie die Kauwerkzeuge von der Oberseite des Kraken auf die Unterseite mit den Fingern wie gezeigt durch und entfernen sie.

Sie können testen, ob der Krake gar gekocht ist,

indem Sie das Fleisch mit einem Messer anstechen –

es soll leicht ins Fleisch gleiten.

Umgang mit Kraken

Im Gegensatz zu Sepien und Kalmaren haben Kraken nur acht Arme,
was sich in ihrem wissenschaftlichen Namen Octopus widerspiegelt.

KRAKEN GEHÖREN wie Sepien und Kalmare zu den Kopffüßern. Während jedoch der weiche Körper einer Sepia ebenso wie der des Kalmars durch eine Art Knochen im Inneren gestützt wird, kommt der Krake bzw. Oktopus oder Pulpo ganz ohne innere Stütze aus. Kraken bewegen sich auch nicht wie ihre Artgenossen in erster Linie schwimmend vorwärts, sondern leben am Meeresboden. Mit ihrem weichen, flexiblen Körper können sie sich in den engsten Felsritzen verstecken und von dort aus – die Fangarme herausstreckend – sogar Beute jagen. Die Tiere sind in allen Meeren der Welt verbreitet. Bei uns kommen Kraken tiefgekühlt und auch frisch in den Handel.

heimischen kleinen Moschuskraken besitzen von Natur aus ein zartes Fleisch, müssen daher vor dem Garen nicht geklopft werden. Sie schmecken außerdem auch gefüllt und gebraten sowie gegrillt.

In der mediterranen Küche gibt es zahlreiche Rezepte mit Kraken, z. B. in Rotwein geschmorter Krake oder Oktopus-Salat (siehe unten). Kraken sind auch in Japan sehr beliebt. Hier kocht man sie und legt sie in Salzlake ein, oder man verwendet sie – ebenfalls gar gekocht – für Sushi.

Zartes Krakenfleisch

Klopfen Sie das Fleisch des Kraken vor dem Garen. So wird es zarter, und die Garzeit verringert sich (siehe Kniff Seite 81).

VERWENDUNG VON KRAKEN

Kraken im Ganzen kann man küchenfertig kaufen oder vorbereiten wie in der Bildfolge unten gezeigt. Das feste Fleisch großer Exemplare muss sehr lange gekocht werden, damit es zart wird. Oder aber man klopft den Kraken vor dem Zerteilen weich (siehe Seite 81). Die im Mittelmeer

KLASSISCHER OKTOPUSSALAT

So wird Krake in Süditalien als kalte Vorspeise (Insalata di Pulpo) serviert: Den weich gekochten Kraken abkühlen lassen, dann klein schneiden und mit einer Mischung aus Zitronensaft, Knoblauch, Petersilie, Salz, Pfeffer und Olivenöl marinieren. Einige Stunden durchziehen lassen.

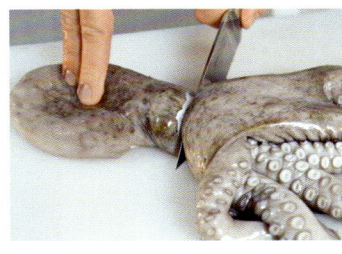 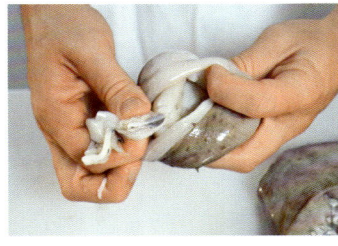 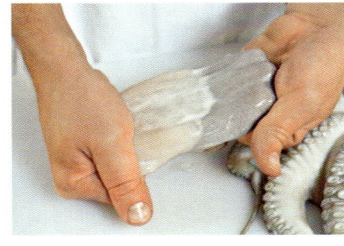 

(1) Den Kraken kalt abspülen und trocken tupfen. Den Körperbeutel mit der Augenpartie abschneiden.

(2) Anschließend den Körperbeutel umstülpen und die Innereien herausziehen.

(3) Körperbeutel festhalten und mit der anderen Hand mit etwas Kraft die Haut abziehen.

(4) Den Kraken in kochendes Salzwasser oder Fond geben und weich garen.

REZEPTE
Seafood für Genießer

Vorspeisen

Roh marinierte Sardellen auf Rucolasalat

ZUBEREITUNG 50 Min.
+ MARINIEREN 12 Std.

FÜR DIE MARINIERTEN SARDELLEN
· 300 g Sardellen
· etwa 10 Minzeblätter
· Saft von ½ Zitrone
· etwa 60 ml Olivenöl
· Salz, frisch gemahlener Pfeffer

FÜR DEN SALAT
· 2 kleine Bund Rucola, 2 Tomaten
· 4 EL Olivenöl, 2 TL Himbeeressig
· Salz, frisch gemahlener Pfeffer

Das Gericht können Sie gut vorbereiten, denn die Sardellen werden bereits am Vortag mariniert.

1. Am Vortag die Sardellen wie rechts beschrieben vorbereiten. Schneiden Sie die Minzeblätter in Streifen, und pressen Sie die Zitrone aus. Eine flache Form mit Olivenöl fetten. Salz und Pfeffer daraufstreuen, einige Tropfen Zitronensaft und etwas Minze in der Form verteilen. Legen Sie eine Schicht Sardellen aufgeklappt, Haut nach unten, darauf. So weiterschichten (Öl, Salz, Pfeffer, Zitronensaft, Minze, Sardellen), dann das Ganze mit Frischhaltefolie bedeckt über Nacht kühl stellen. 1 Stunde vor dem Servieren zimmerwarm stellen.

2. Für den Salat die Rucolablätter verlesen, waschen, trocken schütteln, grobe Stiele entfernen und auf Teller verteilen. Für die Vinaigrette die Tomaten kreuzweise einritzen, mit kochendem Wasser überbrühen, kurz ziehen lassen und die Haut abziehen. Halbieren Sie die Tomaten; Kerne und Inneres entfernen und das Fruchtfleisch in kleine Würfel schneiden.

3. Tomatenwürfelchen, Olivenöl, Himbeeressig, Salz und Pfeffer vermischen und das Dressing auf den Rucolablättern verteilen. Die marinierten Sardellen auf dem Salat anrichten.

Von den Sardellen *Kopf und Schwanz abschneiden, die Fische auf der Bauchseite längs aufschlitzen, aufklappen und die Gräten ziehen. Waschen Sie die Fische dann nur kurz kalt ab, und tupfen Sie sie sofort mit Küchenpapier trocken.*

Salat und gebackenes Gemüse mit Thunfischcarpaccio

ZUBEREITUNG 1 Std.
+ KÜHLEN 2–3 Std.

FÜR DAS CARPACCIO
· 400 g Thunfischfilet in
  Sushi-Qualität
· Olivenöl zum Bestreichen
· 40 ml Aceto balsamico
  tradizionale (12 Jahre alt)
· Meersalz
· frisch gemahlener Pfeffer

FÜR DEN SALAT
· je 30 ml Olivenöl, Traubenkernöl und Geflügelbrühe
· 20 ml weißer Aceto balsamico
· Meersalz
· frisch gemahlener Pfeffer
· 1 Römersalatherz
· 100 g Rucola

FÜR DAS GEMÜSE
· je 100 g Möhren, Brokkoli
  und Zucchini
· 1 Stange Staudensellerie

· je ½ rote und gelbe
  Paprikaschote
· 100 g Tempuramehl
  (aus dem Asia-Laden)
· etwa 120 ml eiskaltes Wasser
· Meersalz
· 1 l Sonnenblumenöl
  zum Frittieren

FÜR DEN LIMETTENSCHAUM
· ½ Blatt weiße Gelatine
· 140 ml Limettensaft
· flache Metallschale

1. Für das Thunfischcarpaccio streichen Sie das Thunfischfilet mit etwas Olivenöl ein und wickeln es dann fest in Frischhaltefolie. Das Fischfilet im Tiefkühlfach 2 bis 3 Stunden anfrieren lassen, damit es sich später besser schneiden lässt.

2. Bereiten Sie aus Olivenöl, Traubenkernöl, der Geflügelbrühe und dem Essig mit Salz und Pfeffer ein Dressing zu. Den Römersalat in die Blätter zerteilen, diese waschen, putzen und grob zerzupfen. Rucola waschen, dicke Stiele entfernen. Die Salatblätter mischen, mit dem Dressing marinieren.

3. Schneiden Sie das angefrorene Thunfischfilet mit einem scharfen Messer oder einer Aufschnittmaschine in 1 bis 2 mm dicke Scheiben. Diese auslegen und Zimmertemperatur annehmen lassen. Die Metallschale für den Limettenschaum im Gefriergerät kalt stellen.

4. Für das gebackene Gemüse Möhren, Brokkoli, Zucchini, Staudensellerie und Paprikaschoten waschen, putzen und in 3 bis 5 cm große Stücke schneiden. Geben Sie den Tempurateig in eine Rührschüssel, und rühren Sie ihn mit Eiswasser, Salz und 4 EL Sonnenblumenöl an. Das übrige Sonnenblumenöl in einem Topf oder einer Fritteuse auf 180°C erhitzen. Tauchen Sie Gemüsestücke in den Tempurateig, und backen Sie sie dann im heißen Öl in etwa 2 Minuten goldgelb aus. Herausheben, kurz abtropfen lassen und mit etwas Meersalz würzen.

5. Legen Sie die marinierten Salatblätter auf Tellern aus, und verteilen Sie darauf das gebackene Gemüse und die Thunfischscheiben. Den Fisch mit Salz und Pfeffer würzen, mit altem Balsamico beträufeln.

6. Für den Limettenschaum die Gelatine in kaltem Wasser einweichen, gut ausdrücken dann in 2 EL erhitzen und auflösen. Mit 120 ml kaltem Wasser und dem Limettensaft mischen. Alles mit einem Mixstab so lange an der Oberfläche bearbeiten, bis ein Schaum entsteht. Lassen Sie ihn 1 Minute ruhen, bevor Sie ihn in das vorgekühlte Metallgefäß abschöpfen. Wiederholen Sie diesen Vorgang so oft, bis Sie pro Portion 1 bis 2 EL Limettenschaum gewonnen haben. Geben Sie jeweils etwas Limettenschaum auf den Thunfisch, und servieren Sie das Gericht sofort.

Graved Lachs mit Lavendel

ZUBEREITUNG 20 Min.
+ MARINIEREN 12 Std.

ZUTATEN
· 1 Lachsseite (ohne Gräten) mit Haut
  (etwa 800–900 g)
· 250 g Salz
· 10 g schwarze Pfefferkörner
· 15 g Koriandersamen
· 1 Bund Dill
· 60 g Zucker
· 1 TL Lavendelblüten (2 g)
· 2 cl trockener Weißwein
· frisch gemahlener Pfeffer

1. Das Lachsfilet sorgfältig von eventuell noch vorhandenen Gräten befreien (Bild 1). Geben Sie 100 g Salz in eine flache Schale, und legen Sie den Lachs mit der Hautseite darauf. Die Pfefferkörner in einen Mörser geben und grob bis mittelfein zermahlen, aus dem Mörser nehmen und die Koriandersamen genauso zermahlen.

2. Den Dill waschen, trocken schütteln und die Blättchen hacken. Verteilen Sie dann nacheinander Zucker, Pfeffer, Koriander, Lavendel und Dill auf dem Lachs. Den Fisch zu Ende marinieren und ziehen lassen wie unten gezeigt und beschrieben (Bild 2).

3. Entfernen Sie anschließend vorsichtig die Marinade, und schneiden Sie den Lachs in dünne Scheiben (Bild 3). Diese fächerartig anrichten und mit etwas Pfeffer grob übermahlen. Dazu passen geröstetes Weißbrot, frisch geriebener Meerrettich und eine Senf-Dill-Sauce.

(1)

GRAVED LACHS SCHRITT FÜR SCHRITT
vorbereiten, marinieren, aufschneiden

(1) Ziehen Sie aus dem Lachsfilet mithilfe einer Pinzette eventuell noch verbliebene Gräten.

(2) Die mit Gewürzen und Dill bedeckte Lachsseite mit dem restlichen Salz bedecken, mit dem Wein beträufeln und mit Frischhaltefolie bedeckt mindestens 12 Stunden kühl ruhen lassen.

(3) Perfekte feine Lachsscheiben schneiden Sie am besten mit einem schräg gehaltenen Messer mit dünner, sehr scharfer, flexibler Klinge.

(2)

(3)

Gebeizter Zander an Rucolasalat

ZUBEREITUNG 30 Min.
+ BEIZEN 2 Tage

FÜR FISCH UND BEIZE
· 1 küchenfertiger Zander (etwa
  500 g brutto, netto 320 g)
· 4 weiße Pfefferkörner
· 3 Wacholderbeeren
· 1 TL Koriandersamen
· 1 TL Senfsamen
· 25 g Meersalz
· 20 g Zucker
· 1 TL abgeriebene Schale von
  einer Bio-Limette

FÜR SALAT UND DRESSING
· 100 g Rucola
· 30 ml Himbeeressig
· Salz, Zucker
· 20 ml Geflügelfond
· 10 Himbeeren (frisch oder
  aufgetaute TK-Himbeeren)
· 20 ml Olivenöl
· 30 ml Pistazienöl (alternativ
  Traubenkernöl)
· 1 EL Pistazienkerne

AUSSERDEM
· frische Himbeeren und Thymianspitzen für die Garnitur

1. Filetieren Sie den Zander (siehe Seite 14/15). Das Fischfilet (ohne Haut) kalt abwaschen und gut trocken tupfen. Für die Beize die Pfefferkörner, Wacholderbeeren, Koriander- und Senfsamen im Mörser zerreiben. Diese Gewürzmischung mit dem Salz, Zucker und Limettenabrieb vermengen.

2. Reiben Sie die Fischfilets von beiden Seiten mit der Beize ein, und lassen Sie sie anschließend auf einem Teller zugedeckt 48 Stunden im Kühlschrank durchziehen. Nach der Hälfte der Zeit wenden.

3. Nehmen Sie das Zanderfilet aus der Beize. Das Filet kalt abwaschen und trocken tupfen. Schneiden Sie das Fischfleisch dann wie Graved Lachs so dünn wie möglich mit einem schräg gehaltenen scharfen Messer auf (siehe auch Seite 62, Bild 3), und richten Sie die Scheiben leicht überlappend auf vier Tellern an.

Zander mit Kräuterbeize

Statt mit Wacholderbeeren, Koriandersamen und Senfsamen können Sie die Beize auch mit frischem Dill oder Estragon aromatisieren.

4. Die Rucolablätter waschen und trocken schleudern, grobe Stiele entfernen. Für das Dressing den Himbeeressig mit etwas Salz und Zucker, dem Geflügelfond und den Himbeeren in einem Rührbecher mit dem Mixstab glatt mixen. Lassen Sie dann beide Ölsorten unter weiterem Mixen langsam dazulaufen. Das Dressing mit Salz und Zucker abschmecken.

5. Marinieren Sie den Salat mit dem Dressing, und richten Sie ihn auf dem Zander an. Garnieren Sie mit den mit Thymianspitzen besteckten Himbeeren. Die Pistazienkerne in einer Pfanne bei schwacher Hitze ohne Öl anrösten, grob hacken und über den Salat streuen.

ANRICHTEIDEE Zusätzlich eine mit einer Thymianblüte besteckte Himbeere anlegen.

S. 14
KOCHKURS Rundfisch filetieren

Lachsforelle in Campari-Zimt-Beize

FÜR 4 BIS 6 PORTIONEN
ZUBEREITUNG 25 Min.
+ BEIZEN 10 Std.

ZUTATEN
· 1 kleine Lachsforelle (etwa 800 g)
· 20 g Salz, 10 g Zucker
· 10 weiße Pfefferkörner
· 1 TL Senfkörner, 4 Pimentkörner
· 100 ml Campari
· 1 Zimtstange
· 1 Bio-Orange
· 1 Bund Basilikum
· 2 TL Honig

1. Die Forelle filetieren (siehe Seite 14/15) und entgräten. Salz, Zucker und Gewürze, bis auf den Zimt, im Mörser zerreiben. Die Filets damit auf beiden Seiten bestreuen. In eine flache Schale den Campari gießen, den Zimt hineingeben, die Filets einlegen.

2. Waschen Sie die Orange mit heißem Wasser, und schneiden Sie sie in Scheiben. Die Basilikumblätter von den Stielen zupfen, fein schneiden, dann mit den Orangenscheiben und dem Honig auf den gewürzten Filets verteilen. Den Fisch am besten für 10 Stunden abgedeckt kalt stellen, gelegentlich wenden.

3. Nehmen Sie die Forellenfilets aus der Beize, und entfernen Sie Gewürzreste mit Küchenpapier. Die Filets mit schräg gehaltenem sehr scharfem, dünnem Messer mit flexibler Klinge in dünne Scheiben schneiden (siehe Seite 62, Bild 3).

ANRICHTEIDEE Servieren Sie die Lachsscheiben auf einem gebutterten Gewürzbrot als delikate Vorspeise zu einem Menü.

Lauwarmer Mango-Flusskrebs-Salat

ZUBEREITUNG 20 Min.

ZUTATEN
· 40 g Walnusskerne
· 2 Lauchzwiebeln
· 2 Stängel Koriandergrün
· 1 Mango
· ¼ rote Chilischote
· 200 g ausgelöste Flusskrebsschwänze
· 3 EL Walnussöl
· 2 EL weißer Aceto balsamico
· Salz, frisch gemahlener weißer Pfeffer, Zucker

*Die Mango sollte
für dieses Gericht reif,
aber nicht zu weich sein.*

1. Die Walnusskerne grob hacken und in einer trockenen Pfanne goldbraun rösten, auf Küchenpapier geben. Waschen und putzen Sie Lauchzwiebeln und Koriandergrün. Beides trocken tupfen, fein schneiden.

2. Die Mango schälen, dann in die Hand legen und das Fruchtfleisch in etwa 2 mm dicken Scheiben abschneiden. Bis zum Kern vorarbeiten, die Frucht umdrehen und auf der zweiten Seite genauso verfahren. Schneiden Sie die Scheiben dann in Julienne. Die Chili in feine Ringe schneiden und die Samen entfernen.

Sautieren

Braten Sie dieses Gericht unbedingt bei starker Hitze und nur sehr kurz (= Sautieren), da die Mango sonst zusammenfällt und Farbe verliert.

3. Waschen Sie die Flusskrebsschwänze kalt ab, und tupfen Sie sie mit Küchenpapier trocken. Die Pfanne erhitzen, 1 EL Walnussöl hineingeben und die Flusskrebse darin bei starker Hitze anschwenken. Geben Sie die Chiliringe und anschließend die Mangostreifen dazu. Alles bei starker Hitze kurz durchschwenken und mit Balsamicoessig ablöschen.

4. Geben Sie den Pfanneninhalt in eine Schüssel, und fügen Sie das restliche Walnussöl, die gerösteten Walnüsse, Lauchzwiebeln und Koriander hinzu. Alles vermengen und mit den Gewürzen abschmecken. Den Flusskrebssalat lauwarm servieren.

Blutorangen-Seeteufelsülze auf Spargelsalat

FÜR 6 BIS 8 PORTIONEN
ZUBEREITUNG 50 Min.
+ KÜHLEN 2 Std. 45 Min.

FÜR DIE SÜLZE
· 500 g weißer Spargel
· Salz, Zucker
· 400 g Seeteufelfilet
· 500 ml Fischfond (siehe
  Seite 23; oder aus dem Glas)
· 1 Lorbeerblatt

· 10 Blatt weiße Gelatine
· 400 ml Blutorangensaft
· 50 ml Weißburgunder
· 4 EL Champagneressig
· frisch gemahlener Pfeffer
· Cayennepfeffer
· frisch geriebene Muskatnuss

FÜR DIE VINAIGRETTE
· 1 Schalotte
· 1 Bio-Orange

· 3 EL Distelöl
· 1 EL weißer Aceto balsamico
· Zucker, Salz, frisch gemahlener Pfeffer

AUSSERDEM
· Kastenform von
  etwa 25 cm Länge
· Öl für die Form
· Blutorangenscheiben
  für die Garnitur

1. Die Kastenform mit etwas Öl auspinseln und mit Frischhaltefolie auslegen, dann kalt stellen (siehe Kniff). Schälen Sie für die Sülze den Spargel, und schneiden Sie die Enden nach. Den Spargel in Salzwasser mit etwas Zucker bissfest kochen. Die Stangen dann herausnehmen, abtropfen lassen. Seeteufelfilets im Fischfond mit dem Lorbeerblatt etwa 10 bis 15 Minuten bei schwacher Hitze garen. Herausnehmen (Fond nicht weggießen), auf Küchenpapier abtropfen lassen.

2. 100 ml Fischfond aufkochen und etwas reduzieren. Inzwischen die Gelatine einige Minuten in kaltem Wasser einweichen. Drücken Sie dann die Gelatine aus, und lösen Sie sie in der (nicht mehr kochenden) Reduktion vollständig auf. Blutorangensaft, Wein und Essig zugießen und mit Salz, Pfeffer, Cayennepfeffer, Muskat, Zucker und Essig kräftig abschmecken. Füllen Sie ein gutes Drittel der Flüssigkeit in die Kastenform, lassen Sie die Flüssigkeit kurz im Kühlschrank anziehen, und legen Sie ein paar Spargelstangen ein. Das Gelee in etwa 15 Minuten im Tiefkühlgerät fest werden lassen. Inzwischen die übrige Sülzenflüssigkeit warm halten.

3. Die Hälfte der warmen Sülzenflüssigkeit in die Form gießen und wieder in etwa 15 Minuten im Tiefkühlgerät fest werden lassen. Legen Sie das abgekühlte Seeteufelfilet im Ganzen mittig auf die Sülze, und gießen Sie die restliche Flüssigkeit ein. Das Ganze wieder fest werden lassen. Anschließend die Sülze im Kühlschrank noch mindestens 2 Stunden durchkühlen lassen.

Perfekt geliert

Damit die Sülzenflüssigkeit in der Form möglichst rasch geliert, stellen Sie die Kastenform, bevor Sie mit den Kocharbeiten beginnen, in das Tiefkühlgerät.

4. Für die Vinaigrette schälen Sie die Schalotte und schneiden sie in feine Würfel. Die Orange heiß waschen und mit einem Küchentuch abtrocknen. Die Schale dünn abreiben. Die Orange auspressen und den Saft zusammen mit Öl, Essig, 1 Prise Zucker, Schalottenwürfeln, Salz und Pfeffer zu einer Vinaigrette mischen.

5. Stürzen Sie die durchgekühlte Sülze, und schneiden Sie sie mit einem in heißem Wasser erwärmten Messer in 1 cm dicke Scheiben. Den restlichen Spargel längs halbieren, mit der Vinaigrette auf Tellern arrangieren, je eine Scheibe Sülze auflegen und mit einer Blutorangenscheibe garniert servieren.

Gelee und Mus vom Stör

ZUBEREITUNG 50 Min.
+ KÜHLEN 15 Min.

FÜR DAS GELEE
· 100 g Abschnitte, Haut und
  Gräten vom Räucherstörfilet
  (das für das Mus benötigt wird)
· 100 ml trockener Weißwein
· 150 ml klarer Geflügelfond
· 1 mit Lorbeer und 2 Gewürznelken gespickte Schalotte
· 3 Blatt weiße Gelatine
· etwas gehackter Dill

FÜR DAS MUS
· 125 ml Fischfond (siehe
  Seite 23; oder aus dem Glas)
· 125 ml Geflügelfond
· 100 g geräuchertes Störfilet
· 3 Blatt weiße Gelatine
· 100 g geschlagene Sahne

FÜR DIE GARNITUR
· 4 TL Kaviar (beliebige Sorte)
· Dillzweige zum Garnieren

AUSSERDEM
· Passiertuch
· 4 Martini-Gläser
· 6 Eiswürfel

Die Störabschnitte *in Weißwein und Geflügelfond mit der
gespickten Schalotte aufkochen
und etwa 20 Minuten ziehen
lassen. Nicht stark kochen,
da das Gelee sonst trüb wird!
Weichen Sie die Gelatine in
kaltem Wasser 5 Minuten ein.
Den Sud vorsichtig durch ein
Tuch passieren und die Gelatine darin auflösen. Den Sud
abschmecken, für etwa 10 Minuten kühl stellen und kurz vor
dem Stocken den gehackten
Dill zufügen.*

1. Bereiten Sie den Sud für das Gelee wie im Kasten rechts beschrieben zu.
Füllen Sie den Sud dann in die Martini-Gläser (die Gläser sollten maximal bis
zur Hälfte gefüllt sein), und stellen Sie diese kalt.

2. Für das Mus den Fischfond zusammen mit dem Geflügelfond aufkochen.
Schneiden Sie inzwischen das Räucherstörfleisch klein, und lassen Sie es im
Fond komplett zerkochen. Hierzu den Topf geschlossen halten, damit nicht zu
viel Flüssigkeit verdampft und kein Geschmack entweicht.

3. Weichen Sie die Gelatine in kaltem Wasser ein. Inzwischen den Fond mit
dem Fisch im Mixer sehr fein pürieren. Lösen Sie die Gelatine in der heißen
Musmasse auf, dann die Flüssigkeit vorsichtig im Eiswürfelbad kalt rühren
und die geschlagene Sahne unterheben. Das Fischmus auf das gestockte Stör-
gelee füllen und für weitere 15 Minuten kalt stellen.

4. Vor dem Servieren den Kaviar (im Bild der anthrazitfarbene Kaviar vom Beluga-Stör, siehe auch
Seite 73) jeweils als kleine Nocke in die Gläser auf das Fischmus geben und das Ganze nach Belieben
mit einem kleinen Dillzweig garnieren.

Kaviar

Achten Sie beim Kauf von echtem Kaviar auf die CITES-Etikettierung.
Sie ist in der EU Pflicht und gibt Aufschluss über Herkunft und
Legalität des Produktes; denn Störe sind vom Aussterben bedroht.

DER ROGEN DES WEIBLICHEN STÖRS, der echte Kaviar, ist eine Delikatesse. Entscheidend für seine Qualität sind Ernte und Verarbeitung. Vor dem Ablaichen werden die Störe in Fabriken gebracht und betäubt, dann wird der Rogen entnommen. Er kommt sofort in Dosen und wird bei exakt -2°C gelagert, damit Geschmack und Konsistenz erhalten bleiben. Salz sorgt für Haltbarkeit, doch guter Kaviar wie »Malossol«, das bedeutet »wenig Salz«, enthält so wenig wie möglich.

Kaviar ist wahrscheinlich nach dem iranischen Volksstamm der »Khediven« benannt, die am größten Binnensalzsee der Erde, dem Kaspischen Meer lebten. Dieses Meer ist auch Lebensraum für Störe, der beste Kaviar kommt von dort.

KAVIAR VON ANDEREN FISCHARTEN

Neben echtem Kaviar der drei Störarten Osietra, Beluga und Sevruga wird u.a. Forellen-, Lachs-, Seehasen-Kaviar sowie Kaviar vom Hecht gehandelt. In Griechenland kennt man aus Karpfen- oder Meeräschenkaviar zubereitetes Taramás, in Italien und der Provence aus Schwertfisch-, Thunfisch- oder Meeräschenrogen hergestellte Bottarga bzw. Boutargue. Viele Kaviarsorten werden heute von Fischen aus Zuchtanlagen gewonnen.

UMGANG MIT KAVIAR

Servieren Sie den empfindlichen Fischrogen, v.a. den wertvollen echten Kaviar, kalt auf Eis, und bringen Sie in nicht mit Silber- oder Edelstahl in Kontakt: Die zarten Fischeier schmecken durch die Oxidation des Metalls leicht fischig. Am besten, Sie verwenden einen Perlmutt-Löffel und verzehren Kaviar möglichst gleich nach dem Öffnen.

KAVIAR-SORTEN IM ÜBERBLICK

BELUGA-KAVIAR

Der teuerste Kaviar stammt vom seltenen Beluga, der **größten Störart.** Das hellgraue bis anthrazitfarbene Korn hat einen Durchmesser von 3,5 mm; es schmeckt **sehr mild.** Beluga-Kaviar wird in Dosen mit blauem Deckel verkauft.

OSIETRA-KAVIAR

Die etwa 2 mm großen Eier werden dem Osietra-Stör entnommen. Sie sind **kleiner,** hartschaliger und unempfindlicher als die des Beluga. Der gold- bis dunkelbraune Kaviar hat ein **fein-nussiges Aroma** und wird in Dosen mit gelbem Deckel verkauft.

SEVRUGA-KAVIAR

Er kommt vom kleinsten Stör und ist der **preiswerteste** echte Kaviar. Er ist dünnschalig und daher empfindlich, hat eine mittel- bis stahlgraue Farbe und ein **kräftiges, würziges Aroma.** Sevruga-Kaviar-Dosen haben einen roten Deckel.

KETA-KAVIAR

Der Rogen des im Pazifischen Ozean lebenden weiblichen Keta-Lachses hat eine **gelblich bis leuchtend rote** Färbung, weshalb er sich gut **zum Garnieren** eignet. Die Lachseier sind etwa 5 mm groß. Keta-Kaviar schmeckt **weniger aromatisch** als echter Kaviar, er ist in Gläsern verpackt im Handel erhältlich.

FORELLENKAVIAR

Der Rogen der weiblichen Forelle ist **fest, knackig** und schmeckt **angenehm kräftig.** Er ist orangefarben, mit nur etwa halb so großem Korn wie das vom Lachskaviar (siehe links). Forellenkaviar stammt oft von **Lachsforellen** aus Zuchtanlagen; diese Forellenart hat die am kräftigsten gefärbten Eier. Forellenkaviar schmeckt am besten frisch und nur leicht gesalzen.

SEEHASENKAVIAR

Der Rogen vom weiblichen Seehasen wird auch als Falscher Kaviar, Kaviarersatz oder Deutscher Kaviar bezeichnet. Seehasenkaviar ist **sehr feinkörnig,** von Natur aus blassrosa bis gelblich und von wenig ausgeprägtem Aroma. **Stark gesalzen** und schwarz oder rot gefärbt, ist dieser Kaviar **preisgünstig** überall im Handel in Gläsern erhältlich.

Kartoffelravioli mit Forellenmousse an Fenchelsalat

ZUBEREITUNG 40 Min.
+ KÜHLEN 1 Std.

FÜR DEN SALAT
· 2 Fenchelknollen, Salz
· 1 TL Honig
· 1 EL Aceto balsamico
· 2 EL Traubenkernöl
· 250 g Büffelmozzarella
· frisch gemahlener Pfeffer

FÜR DIE FORELLENMOUSSE
· 1 Blatt weiße Gelatine
· 100 g geräuchertes Forellenfilet
· 2 EL Zitronensaft

· Salz, frisch gemahlener Pfeffer
· 60 g Sahne
· 50 g Kaviar nach Wahl
  (z.B. Lachskaviar)

FÜR DIE RAVIOLI
· 1 große festkochende Kartoffel
  (etwa 300 g)
· 1 Eigelb
· etwa 500 ml Öl zum Frittieren

AUSSERDEM
· runde Ausstecher etwa in Größe
  der Kartoffelscheiben

1. Für den Salat den Fenchel waschen, putzen, das Grün beiseitelegen. Hobeln Sie die Fenchelknollen längs in hauchdünne Scheiben. Diese mit etwas Salz bestreuen, bis zum Anrichten ziehen lassen.

2. Für die Mousse die Gelatine kalt einweichen. Forellenfilets häuten, in Stücke schneiden, durch ein Sieb streichen und in einen Rührbecher geben. Den Zitronensaft zugeben. Alles mit einem Mixstab pürieren, salzen und pfeffern.

3. Lösen Sie die Gelatine tropfnass bei schwacher Hitze in einem Topf auf (sie darf nicht kochen!), und rühren Sie sie unter die Fischmasse. Die Sahne steif schlagen und mit einem Schneebesen unter die Forellenmousse ziehen. Behalten Sie vom Kaviar etwas für die Garnitur zurück, den Rest ebenfalls unter die Mousse ziehen. Die Mousse für 1 Stunde kühl stellen.

4. Danach das Öl zum Frittieren in einem Topf oder in der Fritteuse auf 160°C erhitzen. Schälen Sie die Kartoffel, und schneiden Sie sie mit einem Gurkenhobel in hauchdünne, möglichst große (mindestens 24) Scheiben. Stanzen Sie daraus mit dem Ausstecher Kreise aus, und bestreichen Sie diese mit verquirltem Eigelb.

5. Geben Sie mithilfe eines Spritzbeutels jeweils zwischen zwei gleich große Kartoffelscheiben etwas Forellenmousse. Die Scheiben zusammendrücken, kurz im heißen Fett goldgelb frittieren, auf Küchenpapier abtropfen lassen.

So gelingen Kartoffelravioli

Die Kartoffelscheiben vor dem Frittieren nicht zu lange stehen lassen. Am besten schneiden Sie jeweils immer nur acht Scheiben, setzen diese zu vier Chips zusammen und frittieren sie. Die »Ravioli« vor dem Servieren im Backofen erwärmen.

6. Unter den Fenchel Honig, Essig und das Öl mischen. Den Mozzarella in Scheiben schneiden. Richten Sie die Kartoffelravioli mit dem Fenchelsalat und den Mozzarellascheiben an. Auf den Salat etwas Fenchelgrün geben, den Mozzarella mit Pfeffer grob übermahlen. Mit Kaviar garnieren.

Eischneetürmchen mit getrüffeltem Lachstatarkern

ZUBEREITUNG 55 Min.

FÜR DAS TATAR
· 40 g Graved Lachs
· 40 g Räucherlachs
· 1 TL Zitronensaft
· 1 kleine Perigord-Trüffel
  (3,5 cm Ø; alternativ
  Sommertrüffel)
· ½ Schalotte

· 20 g Lachskaviar
· 1 Msp. Dijonsenf
· Salz nach Belieben
· frisch gemahlener weißer
  Pfeffer

AUSSERDEM
· 4 Scheiben Toastbrot
· 2 EL Butter
· 2 Eiweiße

· Salz
· 2 EL gehackter Dill
· Dill zum Garnieren
· 4 Anrichteringe (Dessert-
  ringe) von etwa 8 cm Ø und
  5 cm Höhe
· Spritzbeutel und Lochtülle
  (Ø 1 cm)

1. Für das Tatar würfeln Sie die Lachssorten fein und geben sie in eine Schüssel. Die Zitrone auspressen und den Saft über das Tatar geben. Von der Trüffel mit einem Hobel acht feine Scheiben abschneiden. Die Trüffel-Anschnitte hacken Sie in feine Würfel. Die Schalotte schälen und fein hacken, zusammen mit der gehackten Trüffel und dem Kaviar sowie Senf, Salz und weißem Pfeffer in die Schüssel geben und mit dem Lachs gut vermengen.

2. Stechen Sie die Weißbrotscheiben mit einem Anrichtering rund aus, und rösten Sie die Brotkreise in einer Pfanne in 1 EL heißer Butter auf beiden Seiten goldgelb.

3. Eine ofenfeste, mit kochend heißem Wasser gefüllte flache Form in den Backofen stellen und diesen auf 150°C Umluft vorheizen. Anrichteringe mit Butter einstreichen. Legen Sie die Weißbrotscheiben auf ein mit Backpapier belegtes Blech. Die Anrichteringe daraufsetzen. Eischnee mit 1 Prise Salz steif schlagen. Wenn sich der Eischnee mit einem Messer schneiden lässt, hat er die richtige Konsistenz. Hacken Sie den Dill, und heben Sie ihn vorsichtig unter die Eischneemasse.

4. Füllen Sie den Eischnee in einen Spritzbeutel mit Lochtülle, und spritzen Sie in die Anrichteringe jeweils kreisförmig einen Eischneeboden. In die Mitte des Eischneebodens legen Sie je eine Trüffelscheibe.

5. Das Tatar mithilfe eines kleinen Löffels auf die Trüffelscheibe setzen, mit je einer Trüffelscheibe abdecken und weiter mit Eischnee ummanteln. Bis zum oberen Rand des Anrichterings mit Eischnee auffüllen. Streifen Sie den überschüssigen Eischnee mit einer Palette ab. Das Blech in den Ofen (Mitte) schieben, die Temperatur auf 75°C (Umluft) reduzieren und die Eischneetürmchen 10 Minuten darin garen, sodass das Eiweiß stockt.

6. Nach der Garzeit entfernen Sie die Anrichteringe, setzen die Eischneetürmchen auf den Toast und garnieren sie mit Dill.

Anrichteringe selbst herstellen

Anrichteringe können Sie aus mehrfach gefalteter Alufolie oder – noch besser – aus in Ringe geschnittenen Installationsplastikrohren aus dem Baumarkt leicht selbst herstellen. Falls Sie die Ringe erhöhen möchten, bestreichen Sie sie einfach innen mit ein wenig Öl, und legen einen in der gewünschten Höhe zurechtgeschnittenen Streifen Pergament- oder Backpapier ein.

Thunfischtatar
mit Zitronen-Olivenöl-Marinade

FÜR 4 BIS 6 PORTIONEN
ZUBEREITUNG 15 Min.
+ MARINIEREN 10 Min.

ZUTATEN
· 400 g Thunfischfilet in Sushi-Qualität
· 50 g Frühlingszwiebeln (nur die weißen
  Teile)
· 75 ml Olivenöl
· 6–8 Tropfen Zitronensaft nach
  Geschmack
· Salz, frisch gemahlener Pfeffer

1. Schneiden Sie den Thunfisch in 2 bis 3 mm große Würfel. Frühlingszwiebeln waschen und das Weiße sehr fein würfeln. Das Frühlingszwiebelgrün feinstreifig schneiden.

2. Verrühren Sie Olivenöl, Zitronensaft, Salz und Pfeffer. Die Marinade zusammen mit den fein geschnittenen Frühlingszwiebeln vorsichtig unter die Thunfischwürfel heben. Das Tatar vor dem Servieren 10 Minuten durchziehen lassen. Mit dem Zwiebelgrün anrichten.

ANRICHTEIDEE Die Thunfischmasse mit einem Eisportionierer zu kleinen Knödeln formen und auf Tellern anrichten. Dazu geröstetes Baguette oder Rösti reichen.

Krabbencocktail mit Grüntee-Mayonnaise

1. Spülen Sie das Krabbenfleisch kalt ab, und tupfen Sie es vorsichtig trocken. Die Mango(s) schälen, das Fruchtfleisch vom Stein schneiden. Das Mangofruchtfleisch dann in Würfel schneiden und zusammen mit den Krabben in eine Schüssel geben.

2. Für die Mayonnaise zerkleinern Sie die Grünteeblätter in einer Kaffeemühle, in einer Gewürzmühle oder im Mörser.

3. Geben Sie 50 ml Wasser und die zerkleinerten Teeblätter in einen kleinen Topf. Das Wasser aufkochen und 2 Minuten einkochen lassen, den Topf von der Kochstelle nehmen und den Tee durch ein Sieb in eine Schüssel abgießen. Den Tee auf Zimmertemperatur abkühlen lassen.

Mayonnaise »retten«

Wenn eine Mayonnaise beim Schlagen gerinnt, ein frisches Eigelb verrühren und tropfenweise die geronnene Mayonnaise einrühren. Wichtig: Alle Zutaten sollten von gleicher Temperatur, also am besten zimmerwarm, sein.

4. Erst wenn der Tee abgekühlt ist, schlagen Sie Eigelb, Senf, die Hälfte des Zitronensafts, den grünen Tee sowie etwas Salz und Pfeffer in einer Schüssel zu einer sämigen Creme auf.

5. Nun das Olivenöl tropfenweise unter die Creme schlagen, bis die gesamte Menge verarbeitet ist. Schmecken Sie die Mayonnaise je nach gewünschter Säure mit dem übrigen Zitronensaft ab.

6. Geben Sie die Grüntee-Mayonnaise zum Krabben-Mango-Salat, und mischen Sie vor dem Portionieren alles vorsichtig mit einem Löffel.

ANRICHTEIDEE Den Krabbencocktail in Weißweingläsern anrichten und jeweils mit einer dünnen Zitronenscheibe garnieren.

FÜR 6 BIS 8 PORTIONEN
ZUBEREITUNG 45 Min.

FÜR DEN COCKTAIL
· 400 g Nordseekrabbenfleisch
· 1 große reife Thaimango
  (etwa 600 g; oder 2 kleine Mangos)

FÜR DIE MAYONNAISE
· 2–3 TL Grünteeblätter
· 1 großes Eigelb (Zimmertemperatur)
· 1 TL Dijonsenf, Saft von ½ Zitrone
· Salz, frisch gemahlener Pfeffer
· 170 ml Olivenöl

Sepia- und Oktopussalat mit Gurke und Staudensellerie

ZUBEREITUNG 45 Min.
+ ZIEHEN mind. 1 Std.

ZUTATEN
· 500 g Sepia oder Seppioline, küchenfertig
· 500 g Oktopus (Krake), küchenfertig
· 2 kleine Gärtnergurken
· ½ Staude Stangensellerie (am besten nur die inneren zarten Stangen)
· 1 Knoblauchzehe
· 5 cl Weißweinessig
· 7 cl Olivenöl
· 2–3 Tropfen Tabasco
· Salz, frisch gemahlener Pfeffer

Seppioline sind kleine Sepien, buchstäblich aus dem Italienischen übersetzt »Tintenfischlein«. Sie werden häufig im Handel angeboten.

1. Kochen Sie die Sepia in einem Topf von kaltem Wasser gut bedeckt auf, und lassen Sie sie je nach Größe 5 bis 10 Minuten ziehen. Herausnehmen und kalt stellen. Den Oktopus in demselben, gerade noch siedendem Wasser in mindestens 30 Minuten weich kochen. (Das Fleisch ist gar, wenn ein Messer beim Einstechen ganz leicht, ohne Widerstand hineingleitet). Das Oktopusfleisch aus dem Wasser nehmen und abkühlen lassen.

2. Waschen Sie inzwischen die Gurken. Diese dann halbieren, entkernen und in Scheiben schneiden. Selleriestangen waschen und schräg jeweils in etwa 1 bis 2 mm breite Streifen schneiden. Sepia längs halbieren und in Streifen schneiden, Fangarme in Stücke schneiden. Seppioline vierteln, den Oktopus schräg in etwa 1 cm breite Scheiben schneiden

3. Die Knoblauchzehe schälen und fein würfeln. Essig, Olivenöl und Tabasco mischen und mit Salz und Pfeffer abschmecken.

4. Mischen Sie den Fisch und das Gemüse, und heben Sie das Dressing unter. Den Salat vor dem Servieren mindestens 1 Stunde im Kühlschrank durchziehen lassen.

Zartes Krakenfleisch

Insbesondere, wenn die 500 g Oktopus, die Sie für dieses Rezept benötigen, von einem größeren Kraken stammen, können Sie das Fleisch vor dem Garen auch zusätzlich noch weich klopfen. Das Krakenfleisch in ein Küchentuch wickeln und 5 bis 10 Minuten mit der flachen Seite des Fleischklopfers vorsichtig klopfen. So wird es beim Kochen garantiert zart.

S. 48
KOCHKURS Sepia

S. 52
KOCHKURS Krake

Schwarzteegeräucherter Heilbutt mit pikanter Orangenmarmelade

ZUBEREITUNG 50 Min.
+ MARINIEREN 2–3 Std.

FÜR DIE ORANGENMARMELADE
· 5 Orangen
· 1 kleine rote Chilischote
· 1 Stück frische Ingwerwurzel
  (etwa walnussgroß)
· Saft von 2 Zitronen
· ½ TL Garam Masala
· 200 ml Martini extra dry
· 250 g Gelierzucker 3 : 1
· 4 Gläser mit Schraubverschluss
  (je 250 ml Inhalt)

FÜR DEN HEILBUTT
· 2 EL Salz, 1 EL brauner Zucker
· 1 TL Szechuan-Pfeffer
· ½ TL gemahlener Ingwer
· ½ TL gemahlener Kardamom
· ½ TL gemahlene Fenchelsamen
· 800 g Heilbuttfilet (ohne Haut),
  sorgfältig entgrätet

FÜR DIE RÄUCHERMISCHUNG
· 2 EL zerstoßene getrocknete Orangenschale
· 3 EL zerstoßener Duftreis
· 5 EL Schwarzteeblätter
· 2 Stück Sternanis

(1)

FISCH IM WOK RÄUCHERN
am Beispiel von Heilbuttfilet

(1) Sie benötigen einen Wok mit Gittereinsatz. Den Wok mit Alufolie auslegen. Die Zutaten für die Räuchermischung mischen und daraufgeben.

(2) Backpapier 2 bis 3 cm kleiner als das Gitter (damit der Rauch zirkulieren kann) zuschneiden, auflegen und zahlreiche Löcher einstechen.

(3) Legen Sie die Fischfilets mit Abstand zueinander auf. Den Wok offen auf die auf Maximalstufe geschaltete Kochplatte stellen. Sobald das Räuchermehl anfängt zu glimmen, den Deckel auflegen. Nach 1 bis 2 Minuten den Herd ausschalten. Insgesamt 10 bis 15 Minuten räuchern.

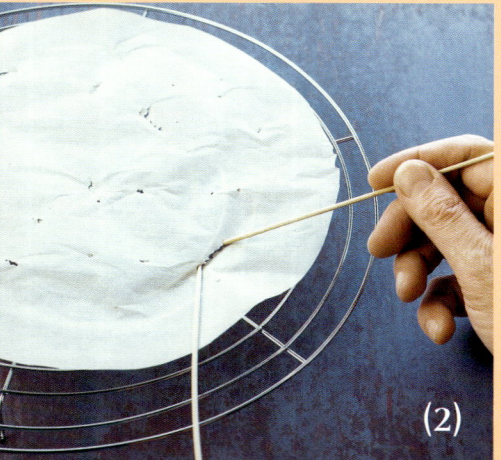

(2)

(3)

1. Für die Marmelade die Orangen schälen und filetieren. Schälen Sie dazu die Orangen mit einem scharfen Messer so ab, dass die weiße Haut entfernt ist. Mit dem Messer links und rechts entlang der Spaltenhäute entlang fahren, um die einzelnen Filets herauszuschneiden. Den Rest mit der Hand über einem Topf ausdrücken. Orangenfilets dazugeben. Die Chilischote waschen und entkernen, den Ingwer schälen. Ingwer und Chili in feine Würfel schneiden.

2. Kochen Sie die Orangenfilets mit dem Zitronensaft, Ingwer, Chili, Garam Marsala und dem Martini in einem Topf etwa 5 Minuten. Anschließend das Ganze pürieren. Rühren Sie nach und nach den Gelierzucker ein, dann die Marmelade etwa 5 Minuten köcheln. Noch heiß in die dafür vorgesehen Gläser abfüllen und verschließen.

3. Bereiten Sie dann das Gewürzsalz für den Heilbutt zu: In einem Mörser nach und nach Salz, Zucker, Szechuan-Pfeffer, Ingwer, Kardamom, und Fenchel zermahlen. Schneiden Sie das Heilbuttfilet in etwa 3 cm dicke Scheiben, und reiben Sie es mit dem Gewürzsalz ein. Die Filets auf ein schräg gestelltes Küchenbrett legen, damit austretende Flüssigkeit ablaufen kann. Je nach Größe der Stücke den Fisch 2 bis 3 Stunden durchziehen lassen. Danach waschen Sie das Salz mit kaltem Wasser ab und tupfen die Filets trocken.

4. Den Fisch räuchern wie links unten gezeigt und beschrieben (Bild 1 bis 3). Den Einsatz mit den Filets entnehmen und diese 10 bis 15 Minuten ruhen lassen. Richten Sie den Heilbutt dann noch warm mit der Marmelade an. Dazu passt ein asiatischer Gurkensalat oder gebratene Nudeln.

Kräutersalat mit gebratenen Sylter Royal-Austern und Rauchölvinaigrette

ZUBEREITUNG 1 Std. 30 Min.
+ RÄUCHERN 6 Std.

FÜR DAS RAUCHÖL
· 100 ml Sonnenblumenöl
· 2 EL Räuchermehl (aus dem Anglerfachgeschäft)
· 1 kleiner Rosmarinzweig
· gut schließende Styroporbox mit Deckel (z. B. in Internet-shops erhältlich; alternativ: Räucherofen)
· in die Box passendes hitzefestes Schälchen (für das Öl)
· Pfännchen für das Räuchermehl
· Paketklebeband

FÜR DEN KRÄUTERSALAT
· 50 ml Rauchöl (siehe links)
· 50 ml Fischfond (siehe Seite 23; oder aus dem Glas)
· 20 ml weißer Aceto balsamico
· Meersalz, frisch gemahlener Pfeffer
· je ½ Bund Petersilie, Rucola, Dill, Sauerampfer, Eisenkraut
· 6 Kirschtomaten

AUSSERDEM
· 4 Zweige Rosmarin
· 24 Sylter Royal-Austern
· 4 EL Mehl
· frisch gemahlener Pfeffer

S. 22
KOCHKURS Fischfond

S. 28
KOCHKURS Austern

1. Zum Räuchern des Öls gehen Sie vor wie im Kasten beschrieben. Verrühren Sie für die Vinaigrette zum Kräutersalat 50 ml geräuchertes Öl, mit Fischfond und Balsamicoessig. Mit Salz und Pfeffer abschmecken.

2. Für den Salat die Kräuter waschen, die Blätter abzupfen und gut abtropfen lassen. Dann die Blätter mischen. Die Kirschtomaten waschen, vierteln und zusammen mit den Kräutern auf den Tellern anrichten.

3. Braten Sie die Rosmarinzweige in einer Pfanne in einigen Esslöffeln vom übrigen Rauchöl etwa 20 Sekunden. Auf Küchenpapier abtropfen lassen.

4. Öffnen Sie die Austern (siehe Seite 29); das Fleisch aus der Schale lösen, trocken tupfen und im Mehl wälzen. Erhitzen Sie in einer Pfanne das übrige Rauchöl, und backen Sie das Austernfleisch darin bei schwacher Hitze beidseitig goldbraun.

5. Die Austern auf Küchenpapier abtropfen lassen, mit etwas frisch gemahlenem Pfeffer bestreuen und zum Salat anrichten. Die Vinaigrette über den Kräutersalat verteilen. Mit dem frittierten Rosmarin garnieren.

Für das Rauchöl *Styroporbox und Deckel mit Alufolie ausschlagen. Das Öl in die Schale geben und diese in die Box stellen. Im Pfännchen das Räuchermehl mit dem Rosmarin auf der vorge-heizten Herdplatte stark erhitzen. Dann das Mehl anzünden. Wenn es vollständig glimmt/räuchert, löschen Sie die Flammen mit einem Deckel und stellen das Pfännchen in die Box. Den Deckel auflegen und die Box mit Klebeband luftdicht verschließen. Das Öl 6 Stunden räuchern.*

Austern

(1)

(2)

(3)

AUSTERNARTEN WELTWEIT

(1) **Austern** sind weltweit beliebt und frisch das ganze Jahr über erhältlich. Aufgrund der starken Nachfrage werden sie zunehmend in Aquakultur gezüchtet. Wichtig sind dabei ausschließlich die Europäische Auster sowie die Felsenauster (u. a. die Portugiesische Auster).

(2) »**Fines des Claires**«, eine begehrte Portugiesische Auster, wird um Marennes-Oléron in Frankreich gezüchtet.

(3) Die »**Sylter Royal**« ist eine Pazifische Felsenauster, die im norddeutschen Wattenmeer gezüchtet wird.

(4)

(5)

(6)

(7)

Ursprünglich war die Europäische Auster im Atlantik von Norwegen bis Marokko verbreitet. Heute gibt es kaum mehr Wildvorkommen. Die Zucht ist allerdings bei der Europäischen Auster schwieriger als bei den Felsenaustern. Aus diesem Grund und wegen ihres besonders feinen Geschmacks hat sie auch einen höheren Preis.

(4) »Imperiales« nennt man die rundlichen Europäischen Austern aus niederländischer Zucht.

(5) Die »Limfjord-Auster« gehört zu den Europäischen Austern und kommt aus dem dänischen Limfjord.

(6) »Colchester« und »Galway« sind Europäische Austern aus Großbritannien bzw. Irland. Die »Galway« ähnelt in der Qualität der französischen »Belon« (Bild 7).

(7) Die »Belon« gehört zu den bekanntesten Zuchtformen der Europäischen Auster. Sie hat bräunliches Fleisch mit kräftigem nussartigem Geschmack. Sie wird auch an der Ostküste der USA gezüchtet.

Austern im Oliven-Brotteig mit Tomaten-Knoblauch-Mayonnaise

ZUBEREITUNG 1 Std.
+ GEHEN 45 Min.
+ BACKEN 20 Min.

FÜR DEN OLIVEN-BROTTEIG
· 185 g Mehl
· 5 schwarze Oliven
· 5 in Salz eingelegte
  Sardellenfilets
· 10 g frische Hefe
· ½ TL Zucker

· 3 EL Olivenöl
· ½ TL feines Salz
· 12 kleine Lorbeerblätter,
  wenn möglich frische
· ½ EL grobes Salz zum
  Bestreuen

FÜR DIE AUSTERN
· 12 Austern
· 1 Thymianzweig
· 1 Petersilienstängel

· frisch gemahlener Pfeffer
· Saft von ½ Zitrone

FÜR DIE MAYONNAISE
· 5 Knoblauchzehen, Salz
· 2 Eigelbe
· 2 TL Tomatenmark
· 200 ml Olivenöl
· frisch gemahlener Pfeffer
· 2–3 EL Zitronensaft
· 1 Tomate

1. Für den Teig das Mehl in eine Schüssel geben. Die Oliven entsteinen und fein hacken, die Sardellenfilets kalt abwaschen, in kleine Stücke schneiden und mit dem Messerrücken zerreiben. Bröckeln Sie die Hefe in eine Tasse, rühren Sie sie mit dem Zucker und 100 ml lauwarmem Wasser an. Die Mischung zum Mehl gießen. 1 EL Olivenöl, gehackte Oliven, Sardellen und Salz zufügen und alles zu einem glatten Teig verkneten. Den Teig abgedeckt an einem warmen Ort 45 Minuten gehen lassen.

2. Das Austernfleisch aus den Schalen lösen (siehe Seite 29), auf ein Sieb geben und abtropfen lassen. Die Kräuter waschen, trocken schleudern und fein hacken. Mit Pfeffer und dem Zitronensaft würzen und die Austern darin marinieren.

3. Inzwischen für die Tomaten-Knoblauch-Mayonnaise den Knoblauch schälen, fein hacken und mit 1 Prise Salz zerreiben. Verrühren Sie in einer Schüssel Eigelb, Knoblauch und Tomatenmark. Das Öl zuerst unter Rühren tropfenweise zugeben, dann, wenn die Masse anzieht, das übrige Öl in feinem Strahl – unter weiterem ständigem Rühren – gleichmäßig zugeben. Mit wenig Salz, Pfeffer und Zitronensaft abschmecken.

Aromagewinn

Bevor Sie die Lorbeerblätter auf dem Blech verteilen, jedes zwei- bis dreimal knicken; so geben sie möglichst viel Aroma an den Brotteig ab.

4. Ofen auf 200°C (Umluft nicht geeignet) vorheizen. Austern aus der Marinade heben, abtropfen lassen. Drehen Sie aus dem Teig 12 Kugeln ab, die sie etwas flach drücken. Füllen Sie sie mit je einer Auster (Teig darüberschlagen, zusammenkneifen). Lorbeerblätter auf einem mit Backpapier belegten Blech verteilen. Auf jedes eine Teigkugel mit der Naht nach unten setzen, mit dem übrigen Öl einpinseln, mit etwas grobem Salz bestreuen und im Ofen (Mitte) in 15 bis 20 Minuten goldgelb backen.

5. Inzwischen die Tomate für die Mayonnaise kreuzweise einritzen, mit kochendem Wasser überbrühen, häuten, vierteln, entkernen und in Würfel schneiden. Diese heben Sie unter die Mayonnaise. Die Austernbrötchen am besten noch warm mit der Tomaten-Knoblauch-Mayonnaise servieren.

S. 28
KOCHKURS Austern

Überbackene Jakobsmuscheln mit Zitronengras-Sabayon

ZUBEREITUNG 35 Min.

FÜR DIE SABAYON
· 1 ½ Stängel Zitronengras
· 50 ml trockener Weißwein
· 100 ml Fischfond (siehe
  Seite 23; oder aus dem Glas)
· 1 Lorbeerblatt
· 5 weiße Pfefferkörner
· 2 Eigelbe
· 1 EL kalte Butterflocken
· Salz, ½ EL Limettensaft

FÜR DIE JAKOBSMUSCHELN
· 8 große Jakobsmuscheln
  in der Schale
· 2 Frühlingszwiebeln
· 1 Schalotte
· 2 Kaffirlimettenblätter
  (aus dem Asia-Laden)
· 1 TL Butter
· Salz, frisch gemahlener Pfeffer
· 1 EL Sonnenblumenöl

1. Für die Sabayon die Zitronengrasstängel sehr fein schneiden, in Weißwein und Fischfond mit Lorbeer und Pfefferkörnern aufkochen und 20 Minuten bei geschlossenem Deckel ziehen lassen. Abpassieren und etwas abkühlen lassen.

2. Lösen Sie das Jakobsmuschelfleisch aus der Schale (siehe Seite 46/47). Vier gewölbte Schalenhälften reinigen und beiseitelegen. Das Muskelfleisch und den orangefarbenen Rogen (Corail), falls er schön ist, heraustrennen und kalt abwaschen. beiseitestellen.

3. Waschen und putzen Sie die Frühlingszwiebeln, und schneiden Sie sie in feine Streifen. Die Schalotte schälen und ebenfalls in Streifen schneiden. Auch die Kaffirlimettenblätter sehr fein schneiden. Dünsten Sie die Frühlingszwiebeln mit den Schalotten in der Butter an. Mit Salz, Pfeffer und den Kaffirlimettenblättern würzen. Die Mischung in die Jakobsmuschelschalen verteilen.

4. Rösten Sie die Jakobsmuscheln im Sonnenblumenöl goldbraun, und setzen Sie diese auf das Zwiebelgemüse.

Jakobsmuschelschalen perfekt auftragen

Auf jeden Servierteller ein Häufchen grobes Salz geben und die Jakobsmuschel-schalen daraufsetzen, so rutschen sie auf dem Teller nicht weg. Auch eine gefaltete Serviette kann als Untersetzer dienen.

5. Schlagen Sie die Eigelbe mit dem Zitronengrasfond in einem Topf auf der Kochstelle bei schwacher Hitze oder über dem Wasserbad zu einer Sauce Sabayon auf. Die Butterflocken vorsichtig unterrühren, die Sauce mit Salz und Limettensaft abschmecken und über die Jakobsmuscheln verteilen. Das Ganze unter dem Grill goldbraun gratinieren und sofort heiß servieren.

Bulgur mit gebratenen Meeresfrüchten

ZUBEREITUNG 40 Min.

ZUTATEN
· 250 g Bulgur
· 2 Tomaten
· ½ frische rote Chilischote
· 1 EL gehackte Petersilie
· 4 Kaisergranate/Scampi in der Schale
· 4 Garnelen 16/20 (etwa mittelfingerdick), ohne Kopf mit Schale
· 4–6 EL Olivenöl
· 4 große ausgelöste Jakobsmuscheln (Muskelfleisch mit Rogen)
· 4 Calamaretti, küchenfertig (siehe Seite 50/51)
· Salz, frisch gemahlener Pfeffer
· 1 EL gepresster Knoblauch
· 20 Miesmuscheln
· 250 ml trockener Weißwein
· 20 g eiskalte Butter in Stückchen

Taboulé – klassischer orientalischer Weizensalat

IM SÜDOSTEN DER TÜRKEI, in den arabischen Ländern des Nahen Ostes und in Nordafrika ist dieser erfrischende Getreidesalat beliebt. Es gibt unzählige Varianten, insbesondere was die Kräuter und die Gemüsezutaten angeht: Probierenswert ist z. B. eine Mischung aus Petersilie und etwas Minze (klassisch) oder Koriandergrün. Zusätzlich zu den Tomaten können Sie noch fein geschnittene Schalotten, Salatgurke und Paprikaschote untermengen.

BEI DEN KLASSISCHEN REZEPTEN wird der Bulgur vor dem Durchziehen mit einer Zitronensaft-Olivenöl-Mischung mariniert und gesäuert. Das ist hier nicht nötig, da der mitservierte Meeresfrüchtesud Olivenöl enthält und die Säure des Weißweins mitbringt.

1. Lassen Sie den Bulgur in 250 ml heißem Wasser etwa 10 Minuten quellen. Inzwischen die Tomaten überbrühen, häuten, klein schneiden und unterheben. Die Chili halbieren, entkernen, fein hacken und zusammen mit der gehackten Petersilie unterheben.

2. Die Meeresfrüchte kalt abwaschen und trocken tupfen. Halbieren Sie die Kaisergranate, spülen Sie die Innereien aus, und tupfen Sie die Hälften trocken. Erhitzen Sie das Öl in zwei Pfannen, und geben Sie die Kaisergranathälften hinein. Diese kurz anbraten, dann die Garnelen dazugeben und ebenfalls anbraten. Kaisergranathälften und Garnelen wenden, Jakobsmuschelfleisch mit dem orangefarbenen Rogen (Corail) und die Calamaretti dazugeben, salzen und pfeffern, den Knoblauch zugeben.

3. Legen Sie die geputzten Miesmuscheln obenauf, und löschen Sie mit Weißwein ab. Alles aufkochen und zugedeckt 2 Minuten köcheln lassen. Noch geschlossene Muscheln aussortieren und wegwerfen.

4. Verteilen Sie den lauwarmen Bulgur auf vier Teller, und richten Sie die gebratenen Meeresfrüchte darauf an. Geben Sie den Sud aus der Pfanne durch ein feines Sieb, und gießen Sie ihn zurück in die Pfanne. Mit Butter abbinden (stückchenweise in die nicht mehr kochende Flüssigkeit einrühren). Die Meeresfrüchte leicht damit nappieren.

S. 50
KOCHKURS Calamaretti vorbereiten

Gebackenes Thunfisch-Sashimi mit Melonen-Gurken-Salat

ZUBEREITUNG 1 Std. 25 Min.

FÜR DAS SASHIMI
· 500 g Thunfischfilet in Sushi-Qualität
· 4 Noriblätter (Asia-Laden)
· 100 g Tempuramehl (aus dem Asia-Laden)
· etwa 120 ml eiskaltes Wasser
· 1 l Sonnenblumenöl zum Frittieren
· etwas Weizenmehl zum Wenden
· Meersalz

FÜR DIE SOJAREDUKTION
· 100 ml japanische Sojasauce, 80 g Zucker
· ½ TL Wasabipaste

FÜR DIE PAPRIKAKONFITÜRE
· 2 rote Paprikaschoten (geputzt 350 g)
· 1 Schalotte
· ½ frische rote Chilischote, fein gehackt
· 1 EL Olivenöl
· 100 g Gelierzucker, Meersalz

FÜR DEN MELONEN-GURKEN-SALAT
· ½ Cantaloupmelone (oder eine andere Melone mit orangefarbenem Fleisch)
· ½ Salatgurke
· 2 EL Weißwein- oder Champagneressig
· 3 EL Traubenkernöl, Salz
· einige Blätter gelber Friséesalat

THUNFISCH IN NORIBLATT VORBEREITEN
zurechtschneiden und einwickeln

(1) Das Thunfischfilet in 3 cm dicke Streifen schneiden. Ein Noriblatt auf einer Bambusmatte bzw. einem Küchentuch ausbreiten.

(2) Legen Sie die Thunfischstreifen parallel zu einer Kante des Noriblatts darauf. Die Streifen gegebenenfalls aneinandersetzen bzw. auf die richtige Länge zuschneiden.

(3) Die Fischstreifen mithilfe von Matte/Tuch fest in das Noriblatt einwickeln. Damit das Blatt gut hält, jeweils den letzten Streifen des Blatts etwas anfeuchten. Auf diese Weise wickeln Sie alle Thunfischstreifen ein.

1. Thunfisch vorbereiten und in die Noriblätter wickeln wie auf Seite 94 gezeigt und beschrieben.

2. Mischen Sie die Sojasauce in einem Töpfchen mit Zucker und 50 ml Wasser, und kochen Sie alles bei schwacher Hitze um mindestens die Hälfte ein, bis ein Tropfen davon, mit einem Teelöffel auf einen kalten Teller gegeben, nicht mehr zerläuft. Dann die Wasabipaste untermischen.

3. Für die Paprikakonfitüre die Paprikaschoten mit einem Sparschäler schälen, putzen und würfeln. Die Schalotte schälen, ebenfalls fein würfeln. Dünsten Sie Paprika-, Schalotten- und Chilistücke im Olivenöl in einem flachen Topf farblos an, dann den Zucker dazugeben (er zieht Flüssigkeit aus den Paprikastücken). Die Konfitüre kochen lassen, bis die Flüssigkeit fast komplett verkocht ist. Mit Meersalz abschmecken und kalt stellen.

4. Schälen Sie Melone und Gurke. Die Melone vierteln, Samen entfernen. Melonenstücke und Gurke in hauchdünne Scheiben schneiden (siehe Kniff), mit Essig, Öl und etwas Salz marinieren.

5. Rühren Sie das Tempuramehl mit dem Eiswasser an. Das Sonnenblumenöl in einer Fritteuse/einem Topf auf 180 °C erhitzen.

6. Thunfischrollen quer halbieren, in Weizenmehl wälzen, dann im Tempurateig wenden und etwa 30 Sekunden frittieren; der Teig soll knusprig und hellgelb sein, der Fisch innen noch roh. Die Thunfischrollen leicht salzen, jede dritteln. Die Stücke mit Melonen-Gurken-Salat anrichten. Mit Friseeblättchen garnieren. Paprikakonfitüre und Sojareduktion separat servieren.

Feinste Scheiben

Hauchdünne Scheiben von Melone und Gurke können Sie mit der Aufschnittmaschine oder auch mit dem Sparschäler schneiden.

Riesengarnelen im Kartoffel-mantel mit zweierlei Aïoli

ZUBEREITUNG 45 Min.

FÜR DIE ORANGEN-AÏOLI
· 1 Knoblauchzehe
· abgeriebene Schale und Saft
  von 1 Bio-Orange
· ¼ TL Salz, weißer Pfeffer
· 1 Eigelb, 60 ml Olivenöl
· 60 ml Sonnenblumenöl
· etwas Orangensaft nach Bedarf

FÜR DIE WALNUSS-AÏOLI
· 40 g grob gemahlene Walnüsse
· 3–4 Spritzer Tabasco
· ¼ TL Salz, weißer Pfeffer
· 1 Eigelb
· 70 ml Olivenöl, 50 ml Walnussöl
· etwas Milch nach Bedarf

FÜR DIE RIESENGARNELEN
· 12 kleine längliche Kartoffeln
  (z. B. der Sorte Drilling)
· 12 Riesengarnelenschwänze,
  entdarmt (je 30 g)
· 3 EL Olivenöl
· Meersalz, frisch gemahlener
  Pfeffer

FÜR DEN FELDSALAT
· 100 g Feldsalat
· 30 ml Weißweinessig
· Salz, Zucker
· 20 ml Geflügelfond
· 50 ml Olivenöl

AUSSERDEM
· Apfelausstecher

Wer einen Spiralschneider besitzt, *kann die Garnelen im Kartoffelspaghettimantel braten. Dafür die geschälten Kartoffeln zu Fäden schneiden und diese trocken tupfen. Dann wickeln Sie die Fäden vorsichtig um die Garnelen, und braten diese bei mittlerer Hitze im Öl etwa 3 Minuten von jeder Seite. Kurz vor dem Herausnehmen mit Meersalz und Pfeffer würzen, sofort servieren (siehe das Rezeptbild links).*

1. Für die Orangen-Aïoli den Knoblauch schälen und fein würfeln. Mit Orangenschale und -saft sowie Salz und Pfeffer zum Eigelb geben. Geben Sie dann unter ständigem Rühren das Öl tropfenweise zum Eigelb. Mit Salz und Pfeffer abschmecken und, falls die Sauce zu dick ist, sie mit Orangensaft glatt rühren.

2. Für die Walnuss-Aïoli rösten Sie die Nüsse in einer Pfanne leicht an. Tabasco, Salz, Pfeffer und Eigelb vermengen, unter Rühren die Öle tropfenweise zugeben. Die Nüsse untermischen, die Aïoli abschmecken, gegebenenfalls mit etwas Milch glatt rühren.

3. Die Kartoffeln waschen, trocknen und die Spitzen kappen. Stellen Sie die Kartoffeln aufrecht, und bohren Sie mit einem Apfelausstecher zwei Löcher direkt nebeneinander hindurch, sodass ein Loch von ovalem Querschnitt entsteht, in das eine Garnele passt. Es soll nur ein dünner Mantel stehen bleiben, daher das Loch eventuell mit einem Messer nachschneiden. In jede Kartoffel eine Garnele stecken.

4. Die »Kartoffelgarnelen« in einer Pfanne im Öl bei schwacher Hitze zugedeckt 10 Minuten schmoren. Braten Sie die Stücke anschließend bei starker Hitze nochmals 1 bis 2 Minuten pro Seite, bis die Kartoffel etwas Farbe bekommt. Salzen und pfeffern.

5. Feldsalat verlesen, waschen und trocken schleudern. Für das Dressing den Essig mit Salz, Zucker und Geflügelfond verrühren, das Öl langsam dazurühren. Marinieren Sie den Feldsalat, und verteilen Sie ihn auf die Teller. Die Garnelen im Kartoffelmantel darauf anrichten, die Aïoli-Saucen separat servieren. (Im Bild die im Kasten rechts beschriebene Rezeptvariante).

Hummerbeignets mit gerösteten Silberzwiebeln und Sauerrahm

ZUBEREITUNG 40 Min.
+ EINWEICHEN 2 Std.

· 2 Hummer (je 800–1000 g;
  3–4 Min. abgekocht;
  siehe Kniff)
· lange Holzspieße zum Frittieren
  der Hummerstücke

FÜR DIE SILBERZWIEBELN
· 300 g Silberzwiebeln (oder
  kleine Schalotten)
· 1 EL Butter
· 1 Rosmarinzweig
· Zucker, Salz, frisch gemahlener
  Pfeffer

FÜR DEN TEIG
· 180 g Weizen- oder Dinkelmehl
· 200 ml Champagner
  (alternativ trockener Sekt)
· 2 Eigelbe
· Salz, frisch gemahlener Pfeffer
· ¼ TL Currypulver
· ½ kleines Bund Estragon
· 2 Eiweiße
· etwa 750 g Fett zum Frittieren

FÜR DEN DIP
· 200 g Sauerrahm
· 1 Knoblauchzehe
· 1 EL Zitronensaft
· Salz, frisch gemahlener Pfeffer

1. Legen Sie die Silberzwiebeln für 2 Stunden in kaltes Wasser, danach lassen sie sich einfacher schälen. Anschließend lösen Sie das Hummerfleisch aus (siehe Seite 35 bis 37). Die leeren Zangen können als Dekoration verwendet werden. Schneiden Sie das Hummerschwanzfleisch in große Stücke.

2. Für den Teig das Mehl mit dem Champagner, Eigelb, Salz, Pfeffer und Currypulver gut verrühren. Den Estragon fein hacken und dazugeben. Das Eiweiß steif schlagen und unter die Champagnermasse heben. Erhitzen Sie das Frittierfett in einem Topf oder einer Fritteuse. Die Hummerstücke jeweils auf einen Holzspieß aufstecken, in den Teig tauchen und im heißen Fett goldgelb frittieren. Herausnehmen und auf Küchenpapier abtropfen lassen.

3. Für den Dip geben Sie den Sauerrahm in eine Schüssel. Den Knoblauch schälen, in feine Würfel schneiden und dazugeben. Alles gut vermischen und mit Zitronensaft, Salz und Pfeffer würzen.

4. Die Zwiebeln schälen und je nach Größe halbieren oder im Ganzen lassen. Erhitzen Sie 1 EL Butter in einer Pfanne, die Zwiebeln und den Rosmarinzweig in die Butter geben und mit 1 Prise Zucker andünsten. Mit Salz und Pfeffer abschmecken.

5. Richten Sie die Hummerbeignets mit Silberzwiebeln auf vier vorgewärmten Tellern an, eventuell mit Hummerscheren garnieren. Den Sauerrahmdip separat reichen. Dazu schmeckt frisches Baguette.

Der richtige Gargrad

Das Fleisch der abgekochten Hummer sollte noch etwas glasig sein, sie daher wirklich nur 3 bis 4 Minuten im sprudelnden Wasser lassen. Der Panzer verfärbt sich dann gerade rot.

S. 36
KOCHKURS Hummerschwanz auslösen

Suppen und Eintöpfe

Bouillabaisse

ZUBEREITUNG 1 Std. 30 Min.
+ MARINIEREN 3 Std.

FÜR DEN EINTOPF
- je 1 Knurrhahn, Wolfsbarsch, Merlan
  und 1 Meerbrasse (je etwa 600 g)
- 1 Zwiebel, 2 Möhren
- 1 Fenchelknolle, ½ Stange Lauch
- 2 Knoblauchzehen
- 1 EL Olivenöl, 2 cl Pernod
- 1 Prise Safranfäden
- 1 Thymianzweig, 1 Lorbeerblatt
- 200 ml trockener Weißwein
- Meersalz, frisch gemahlener Pfeffer

FÜR DEN FISCHFOND
- 2 kleine Zwiebeln, 2 Knoblauchzehen
- 2 Möhren, ½ Stange Lauch
- 1 EL Olivenöl
- 500 ml trockener Weißwein
- Salz, grob gestoßener Pfeffer
- 1 Lorbeerblatt, 3 Gewürznelken

Rouille als Beigabe

EINE GEKOCHTE MEHLIGE KARTOFFEL BEREITLEGEN.
1 kleine rote Paprika putzen, vierteln, die Stücke blanchieren und häuten. 2 frische kleine rote Chilis ohne Samen grob zerkleinern. 4 Knoblauchzehen schälen, die Keime entfernen. Paprika, Chili und Knoblauch mit ½ TL grobem Meersalz und 6 Safranfäden im Mörser zerreiben. Die Kartoffel pellen, grob zerkleinern und einarbeiten. Die Masse umfüllen, 1 Eigelb einrühren. 150 ml Olivenöl erst tropfenweise, dann in dünnem Strahl mit dem Schneebesen unterrühren. Kräftig rühren, bis die Sauce mayonnaiseartig ist.

Fisch-Alternativen

STATT DER IM REZEPT GENANNTEN FISCHE eignen sich für die Bouillabaisse auch Dorade royale, Drachenkopf, Seeteufel, Kabeljau, Schellfisch, Meeraal, Rotbarsch.

1. Fische schuppen, ausnehmen und filetieren (siehe Seite 12 bis 15), die Abschnitte für den Fond zurückbehalten. Schneiden Sie die Fischfilets in grobe Würfel. Zwiebel schälen, Möhren, Fenchel und Lauch waschen und putzen. Die Gemüseabschnitte ebenfalls beiseitelegen. Schneiden Sie das Gemüse getrennt in dünne Streifen (Julienne). Den Knoblauch schälen und fein würfeln.

2. Zwiebeln und Knoblauch im Olivenöl glasig dünsten. Möhren und Fenchel zugeben und ohne Farbe kurz andünsten. Mit Pernod ablöschen. Zermahlen Sie den Safran im Mörser, geben Sie ihn mit Thymian, Lorbeerblatt und Lauchstreifen in den Topf. Das Ganze durchrühren, mit Wein ablöschen. Salz und Pfeffer dazugeben, dann das Gemüse 8 bis 10 Minuten dünsten, bis der bittere Geschmack des Pernod verflogen ist. Heben Sie die Fischstücke unter, und lassen Sie sie mindestens 3 Stunden ziehen.

3. Inzwischen für den Fond die Zwiebeln schälen und halbieren. Den Knoblauch schälen, Möhren und Lauch waschen, putzen und klein schneiden. Braten Sie die Zwiebeln in einem Topf im Öl dunkelbraun an. Mit dem Wein ablöschen. Knoblauch, Gemüse, Gewürze, Gemüse- und Fischabschnitte und 500 ml Wasser dazugeben. Das Ganze mindestens 30 Minuten köcheln lassen. Passieren Sie alles durch ein feines Sieb, dann lassen Sie den Fond nochmals 15 Minuten köcheln. Mit Salz und Pfeffer abschmecken.

4. Die marinierten Fischstücke mit der Marinade und dem Gemüse im Fond behutsam erhitzen (nicht kochen) und die Bouillabaisse mit einer scharf-pikanten Knoblauchmayonnaise (siehe Kasten) und nach Belieben mit geröstetem Weißbrot servieren.

Gegrillter marinierter Aal in roter Currysuppe

ZUBEREITUNG
1 Std. 15 Min.

FÜR DIE ROTE CURRYPASTE
· 1 EL Koriandersamen
· 2 TL Kreuzkümmelsamen
· 1 TL schwarze Pfefferkörner
· 100 g asiatische Schalotten
· 12 Knoblauchzehen
· 4 EL Öl
· 2 TL Shrimpspaste
· 3 TL Paprikapulver
· 2 TL abgeriebene Limettenschale
· 2 TL Salz
· 2 TL gemahlene Kurkuma
· ½ TL frisch geriebene
  Muskatnuss

· 12 frische rote Chilischoten,
  grob zerkleinert
· 4 Stängel Zitronengras,
  grob geschnitten
· 2 EL fein gehackte frische
  Ingwerwurzel
· 6 Kaffirlimettenblätter,
  fein geschnitten

FÜR DEN AAL
· 50 ml Mirin (japanischer
  süßer Sake)
· 50 ml Sojasauce
· ½ TL Hondashi oder Bonito-
  flocken (Hondashi ist ein
  Fertiggranulat, das aus Boni-
  toflocken und Aminosäuren
  hergestellt wird)

· 400 g frisches Aalfilet,
  gehäutet
· Fett für das Gargeschirr

FÜR DIE SUPPE
100 g Suppeneinlage (z. B.
  Pak Choi, Zuckerschoten,
  jeweils fein geschnitten
  und kurz blanchiert, oder
  kleine Pilze, in der Brühe
  kurz aufgekocht)
250 ml Fischfond (siehe
  Seite 23; oder aus dem Glas;
  ggf. auch aus Haut und
  Gräten des Aals gekocht)
250 ml Geflügelfond

1. Rösten Sie für die Currypaste Koriander- und Kreuzkümmelsamen in der Pfanne ohne Fett 2 bis 3 Minuten an. Die Samen dann zusammen mit den Pfefferkörnern fein mahlen. Schalotten und Knoblauch schälen, fein würfeln und in 2 EL Öl goldbraun rösten.

2. Die Shrimpspaste mit den gemahlenen Gewürzen, Muskat und den Chilischoten im Mixer (nach Belieben im Mörser) kurz pürieren. Die restlichen Zutaten und das übrige Öl zugeben und nach und nach alles zu einer glatten Paste zerkleinern. (In einem Einmachglas mit etwas Öl abgedeckt können Sie diese Currypaste 2 bis 3 Wochen im Kühlschrank aufbewahren.)

3. Für den Aal Mirin, Sojasauce und Hondashi aufkochen bis die Mischung etwas dickflüssig wird. Pinseln Sie das Aalfilet damit mehrmals von allen Seiten ein. Legen Sie den Aal auf einen gefetteten Porzellanteller, und lassen Sie ihn unter dem Backofengrill (Mitte) goldbraun trocknen und anschließend etwa 15 Minuten garen. Dabei den Fisch mehrmals wenden und mit der eingekochten Marinade bepinseln. Den Aal dann leicht abkühlen lassen.

Suppen-Variationen

Wer die Suppe etwas cremiger möchte, kann noch Kokosmilch dazugeben. Und mit ein wenig Süße können Sie der Suppe etwas von ihrer Schärfe nehmen.

4. Schneiden Sie den Fisch in mundgerechte Stücke und geben Sie diese in Suppenschalen oder -tassen. Verteilen Sie die Suppeneinlage auf dem Fisch. Den Fisch- und Geflügelfond aufkochen, mit 2 bis 3 TL roter Currypaste abschmecken und die heiße Suppe über den Aal und die Suppeneinlage gießen.

Seafood-Gazpacho mit Pulpo und Sardellencroûtons

ZUBEREITUNG 1 Std. 20 Min.
(ohne Abkühlzeit)

FÜR DIE EINLAGE
· 1 Pulpo (Krake) im Ganzen (etwa 600 g)
· 1 gesalzenes, in Öl eingelegtes Sardellenfilet
· 2 EL Weißbrotwürfelchen
· 1 TL Butter
· 1 EL grüne Oliven ohne Stein mit
  Sardellenfüllung
· 1 EL kleine Kapern

FÜR DIE SUPPE
· 2 Schalotten, 1 Knoblauchzehe
· 1 gelber Zucchino

· je 1 gelbe und orangefarbene Paprikaschote
· 8 kleine gelbe Kirschtomaten
· 1 Prise Zucker
· Salz, frisch gemahlener Pfeffer
· 4 EL Olivenöl
· 5 EL weißer Aceto balsamico

1. Pulpo säubern, den Körperbeutel umstülpen und die Eingeweide, Kopf und Tintenbeutel vorsichtig entfernen (siehe auch die Bildfolge auf Seite 53). Zuletzt drücken Sie die Kauwerkzeuge unten aus der Mitte der Fangarme und schneiden sie heraus (siehe Seite 52).

2. In einem großen Topf so viel ungesalzenes Wasser zum Kochen bringen, dass der Pulpo darin

(1)

KRAKEN (PULPO) ZUBEREITEN
garen, säubern, klein schneiden

(1) Tauchen Sie den gesäuberten Kraken mit den Fangarmen nach unten, am besten über einem Kochlöffel hängend, dreimal langsam in das sprudelnd kochende Wasser.

(2) Vom blanchierten Kraken die Haut vom Körper und Fangarmen abziehen; sie ist zäh.

(3) Schneiden Sie dann das Krakenfleisch in verhältnismäßig kleine Stücke, Streifen oder Ringe.

(2)

(3)

vollständig untertaucht. Den Pulpo blanchieren (siehe Bild 1 unten links). Lassen Sie den Pulpo dann in den Topf gleiten, und garen Sie ihn in etwa 45 Minuten weich. Zur Garprobe stechen Sie mit einem Messer in das Fleisch ein; es sollte weich sein. Den Topf von der Kochstelle nehmen und den Pulpo im Wasser abkühlen lassen.

3. Inzwischen für die Suppe Schalotten und Knoblauch schälen. Den Zucchino waschen, putzen und in grobe Stücke schneiden. Die Paprikaschoten putzen, halbieren, entkernen, waschen und in grobe Stücke schneiden. Geben Sie alle Zutaten für die Suppe in den Mixer, und pürieren Sie sie fein, dann streichen Sie das Ganze durch ein Sieb und stellen die Suppe kalt.

4. Den Pulpo aus dem Wasser nehmen, die Haut vom Körperbeutel sowie von den Fangarmen ab-

ziehen (siehe Bild 2 links unten) und das Fleisch in kleine Stücke schneiden (Bild 3).

5. Zerdrücken Sie das Sardellenfilet sehr fein, und rösten Sie es dann zusammen mit den Weißbrotwürfelchen in der Butter. Die Oliven schneiden Sie in Scheiben.

6. Die kalte Suppe nach Belieben kurz aufschäumen, portionieren und auf jede Portion Pulpostücke, Sardellencroûtons, Olivenscheiben sowie Kapern geben.

ANRICHTEIDEE Den Pulpo nicht komplett in Stücke schneiden, sondern vier Fangarm-Enden für die Garnitur zurückbehalten.

S.52
KOCHKURS Krake

Heiß-kalte Gurkensuppe mit frittierten Meeresfrüchten

ZUBEREITUNG 50 Min.

FÜR DIE KALTE SUPPE
· 1 Salatgurke
· 100 g saure Sahne
· 100 ml Geflügelfond
· Zucker, Salz, Pfeffer
· 1 TL Zitronensaft

FÜR DIE WASABICREME
· 5 g Wasabipulver
· 100 g saure Sahne
· Salz, etwas Weißweinessig

FÜR DIE HEISSE SUPPE
· 2 Schalotten, 1 Salatgurke
· 2 EL Sonnenblumenöl
· 1 Thymianzweig
· 200 ml Fischfond (siehe
  Seite 23; oder aus dem Glas)
· 100 g Crème double
· Zucker, Salz, Pfeffer

FÜR DIE MEERESFRÜCHTE
· 4 Stücke Jakobsmuschel-
  fleisch (nur der Muskel)
· 8 Kaisergranatschwänze

· 80 g Lachsfilet (in 4 Würfel
  geschnitten)
· 8 Blätter Frühlingsrollenteig
· Salz
· 1 Bund Pfefferminze
· 1 Eigelb
· Fett zum Ausbacken

AUSSERDEM
· 4 Trinkgläser (je 300 ml
  Inhalt) zum Servieren

1. Für die kalte Suppe die Gurke waschen und würfeln. Mit der sauren Sahne und dem Geflügelfond im Mixer pürieren. Schmecken Sie mit je 1 Prise Zucker, Salz, Pfeffer und mit dem Zitronensaft ab. Die Suppe durch ein Sieb passieren, dann kalt stellen. Verrühren Sie für das Topping den Wasabi mit der sauren Sahne, die Mischung etwas ziehen lassen. Dann mit Salz und dem Essig abschmecken.

2. Für die heiße Suppe die Schalotten schälen und fein schneiden. Die Gurke schälen und würfeln. Dünsten Sie in einem Topf im Sonnenblumenöl Schalotten und Gurkenstücke mit dem Thymianzweig farblos an. Fischfond und Crème double zugeben und alles 10 Minuten köcheln lassen. Pürieren Sie die Suppe im Mixer, sie dann durch ein Sieb passieren. Mit Zucker, Salz und Pfeffer abschmecken.

3. Für die frittierten Meeresfrüchte die Jakobsmuscheln vierteln. Die Kaisergranatschwänze aus der Schale lösen und längs halbieren. Schneiden Sie das Lachsfilet in acht Stücke. Acht Frühlingsrollenblätter anfeuchten und zwischen zwei Küchentüchern etwa 2 Minuten ziehen lassen. Verteilen Sie Fisch und Meeresfrüchte auf die Teigblätter, würzen Sie mit Salz. Die Minze waschen, trocken schütteln, vier Zweige für die Garnitur beiseitelegen. Vom Rest die Blätter abzupfen und fein schneiden; über den Meeresfrüchten verteilen.

4. Schlagen Sie den Teig von den Seiten her etwa 1 bis 2 cm über die Füllung. Anschließend den Teig jeweils mit wenig Druck aufrollen. Die Enden mit etwas verquirltem Eigelb einstreichen, umknicken und festdrücken. Erhitzen Sie in einem Topf oder in einer Fritteuse das Fett zum Ausbacken auf etwa 160°C. Die Rollen hineingeben und goldbraun ausbacken. Zum Abtropfen auf Küchenpapier geben. Leicht salzen.

Einfache kalte Variante

Beide Suppen kann man natürlich auch einzeln zubereiten; z.B. die kalte im Sommer als erfrischende leichte Zwischenmahlzeit nur mit ein paar Räucherlachsstreifen.

5. Die Serviergläser bis knapp zur Hälfte mit kalter Suppe füllen. Die heiße Suppe mit dem Mixstab aufschäumen, vorsichtig daraufgießen. Legen Sie die Meeresfrüchterollen auf die Gläser. Die Wasabicreme separat servieren, zum Dippen der Meeresfrüchterollen bzw. zum Würzen der Suppe.

Lauwarmes Thunfisch-Confit

FÜR 4 PORTIONEN (als Hauptspeise)
ZUBEREITUNG 55 Min.

ZUTATEN
· 1 kg mageres Thunfischfilet
· 6 Tomaten
· 1 Zwiebel, 4 Knoblauchzehen
· 1 mittelgroße Möhre, 1/2 Stange Lauch
· 2 Thymian- oder Rosmarinzweige
· 40 g Meersalz
· 10 g grob gestoßener schwarzer Pfeffer
· 1/2 Chilischote mit Kernen
· je 350 ml Olivenöl und neutrales Öl
· 1 Stange Baguette

1. Schneiden Sie den Thunfisch in Würfel (wie Gulasch). Die Tomaten überbrühen, häuten, halbieren, Stielansätze und Kerne entfernen. Würfeln Sie das Tomatenfruchtfleisch.

2. Die Zwiebel schälen und fein würfeln. Knoblauch schälen und in Scheiben schneiden. Möhre und Lauch waschen, putzen und in feine Würfel schneiden. Die Kräuter waschen und trocken tupfen.

3. Geben Sie alle Zutaten in einen Topf, füllen Sie mit dem Öl auf, und bringen Sie alles langsam zum Kochen. Das Ganze bei mittlerer Hitze etwa 15 Minuten simmern lassen.

4. Servieren Sie das Confit lauwarm: Thunfisch und Gemüse mit einem Sieblöffel aus dem Öl heben und abtropfen lassen. Dazu Baguette reichen.

Muscheleintopf in Estragon-Champagner-Fond

1. Waschen Sie die Muscheln unter fließendem kaltem Wasser, und sortieren Sie geöffnete Muscheln aus.

2. Das Gemüse und die Kartoffeln schälen bzw. putzen. Schneiden Sie Möhren, Sellerie und Kartoffeln in etwa 3 cm große Stücke. Große Rübchen in Spalten schneiden, kleine Exemplare können ganz bleiben. Von den Artischocken verwenden Sie nur die Böden (Stiel und Blätter abschneiden, das faserige Heu ablösen) und schneiden diese in Spalten. Den Estragon waschen, trocken schütteln, die Blätter abzupfen und fein hacken.

Frischer Knoblauch

Er gibt eine milde und ganz unaufdringliche Knoblauchnote. Für Knoblauchbaguette die Zehen längs in hauchdünne Scheiben schneiden, in wenig Öl anbraten, aus der Pfanne nehmen, dann darin kurz die Brotscheiben rösten, mit den Knoblauchscheiben belegt servieren.

3. Die Gemüsezwiebel schälen und in feine Streifen schneiden. Das Öl in einem Topf erhitzen und darin die Zwiebelstreifen mit den Estragonzweigen ohne Farbe andünsten. Geben Sie die Muscheln dazu, und löschen Sie mit dem Weißwein ab. Einen Deckel auf den Topf geben und die Muscheln in 3 Minuten gar dünsten, nach dieser Zeit sollten sich alle geöffnet haben. Die Muscheln abschütten und den Sud in einem Topf auffangen. Sortieren Sie ungeöffnete Muscheln aus, und werfen Sie sie weg. Aus den übrigen Muscheln lösen Sie das Fleisch aus.

4. Den aufgefangenen Muschelsud mit dem Fischfond auffüllen, den Safran zufügen, alles aufkochen. Geben Sie nun nacheinander die Kartoffeln und die Gemüsesorten in den Sud, und lassen Sie sie darin garen: zuerst die Kartoffeln, dann Möhren, Rübchen, Staudensellerie und Artischockenböden, zum Schluss die Erbsen (Gardauer insgesamt: etwa 20 Minuten).

5. Sind die Gemüse gar, geben Sie die ausgelösten Muscheln hinzu und würzen mit Salz und Pfeffer . Kurz vor dem Servieren den Eintopf mit dem Champagner und dem gehackten Estragon abschmecken. Mit Kräuter- oder Knoblauchbaguette (siehe Kniff) servieren.

ZUBEREITUNG 1 Std. 10 Min.

ZUTATEN
· 1 kg Miesmuscheln
· 2 Möhren, 2 Stangen Staudensellerie
· 2 Kartoffeln, 200 g weiße Rübchen (Navetten)
· 2 Artischocken
· 1 kleines Bund Estragon
· 1 Gemüsezwiebel, 2 EL Olivenöl
· 100 ml trockener Weißwein
· 700 ml Fischfond (siehe Seite 23; oder aus dem Glas)
· 0,1 g Safranfäden (1 Döschen/Briefchen)
· 100 g frische gepalte Erbsen
· Salz, frisch gemahlener Pfeffer
· 100 ml Champagner (alternativ trockener Sekt)

Venusmuschelsuppe mit Pancetta und Rosmarin

ZUBEREITUNG 55 Min.

ZUTATEN
· 800 g möglichst große Venusmuscheln
· 2 Möhren (100 g)
· 1 Stück Knollensellerie (50 g)
· 1 Fenchelknolle (200 g)
· 400 g mehligkochende Kartoffeln
· 1 Zwiebel
· 2 Rosmarinzweige, 4 EL Olivenöl
· 100 ml trockener Weißwein
· 500 ml Fischfond (siehe Seite 23;
   oder aus dem Glas), 200 g Sahne
· Salz, frisch gemahlener Pfeffer
· 8 dünne Scheiben Pancetta (italienischer
   Bauchspeck)

Amerikanischer Klassiker

DIESES REZEPT IST DIE VARIATION eines klassischen Clam Chowders. Als Chowder (abgeleitet von frz. chaudière = Kochkessel) wird eine typisch nordamerikanische eingedickte Suppe aus Fisch und/oder Meeresfrüchten sowie Speck, Kartoffeln und Zwiebeln bezeichnet. Eine der beliebtesten Versionen ist Clam Chowder mit reichlich Muscheln.

IM AMERIKANISCHEN BINNENLAND gibt es dieses Eintopfgericht auch ohne Seafood, z. B. als »Corn Chowder« mit in Hühnerbrühe gekochtem Mais zu den oben genannten Basiszutaten und mit oder ohne Fleisch.

1. Die Muscheln kalt abwaschen, geöffnete und damit verdorbene Muscheln aussortieren. Möhren, Sellerie und Fenchel schälen bzw. waschen und putzen. Das Fenchelgrün hacken und beiseitestellen. Schneiden Sie die Hälfte des Gemüses in 2 mm dicke Streifen, den Rest grob würfeln. Die Kartoffeln schälen und in 2 cm große Würfel schneiden. Die Zwiebel schälen und klein schneiden.

2. Die Rosmarinzweige waschen und gut trocken tupfen. Erhitzen Sie 3 EL Olivenöl in einem Topf auf mittlerer Hitze, und braten Sie die Rosmarinzweige darin kurz von allen Seiten ohne Farbe an. Herausnehmen und auf Küchenpapier abtropfen lassen. Dünsten Sie die Gemüsestreifen und die Hälfte der Kartoffelwürfel ebenfalls im Olivenöl an, dann das Ganze 7 bis 8 Minuten unter gelegentlichem Wenden braten, bis das Gemüse fast gar ist und etwas Farbe angenommen hat. Aus dem Topf nehmen und als Einlage beiseitestellen.

3. Erhitzen Sie das restliche Öl, und dünsten Sie darin das übrige Gemüse und die übrigen Kartoffeln mit den Zwiebeln im Topf an. Geben Sie die Muscheln dazu, und löschen Sie mit dem Weißwein ab. Einen Deckel auf den Topf setzen und die Muscheln etwa 3 Minuten dünsten, bis sich alle geöffnet haben (ungeöffnete wegwerfen). Heben Sie die Muscheln mithilfe von zwei Löffeln aus dem Topf, und lösen Sie das Fleisch aus den Schalen.

4. Geben Sie Fond und Sahne zum Garsud in den Topf. Alles etwa 10 Minuten köcheln lassen, bis die Kartoffeln weich sind. Die Suppe pürieren und durch ein Sieb streichen. Mit Salz und Pfeffer abschmecken. Schneiden Sie die Pancettascheiben quer in breite Streifen, und braten Sie diese in einer Pfanne ohne Öl knusprig. Das zurückbehaltene Gemüse und die ausgelösten Muscheln in die Suppe geben. Alles kurz erwärmen, dann portionieren. Mit Fenchelgrün, Rosmarin und Pancetta garnieren.

Muschelsuppe mit Wurzelgemüse

ZUBEREITUNG 50 Min.

ZUTATEN

· 2 Möhren (etwa 180 g)
· 1 kleine Zwiebel
· 1 kleine Fenchelknolle (etwa 150 g)
· ½ Stange Lauch
· 100 g Petersilienwurzeln
· 500 ml Fischfond (siehe Seite 23;
  oder aus dem Glas)
· 2 Msp. gemahlene Kurkuma
· frisch gemahlener Pfeffer
· 16 Miesmuscheln
· etwa 160 g Dreiecksmuscheln (Telline)
· etwa 160 g Venusmuscheln
· 32 Teppichmuscheln (Vongole veraci)
· 250 g Herzmuscheln
· 200 ml trockener Weißwein
· etwas Crème fraîche nach Belieben

1. Das Gemüse waschen und putzen bzw. schälen, in feine Streifen schneiden und in einen Topf geben. Gießen Sie den Fischfond dazu, würzen Sie mit Kurkuma und ein wenig Pfeffer, und lassen Sie das Ganze je nach Dicke der Gemüsestreifen 5 bis 8 Minuten köcheln; das Gemüse sollte noch Biss haben.

2. Von den Muscheln bereits geöffnete aussortieren und wegwerfen. Alle Muscheln so lange waschen, bis das Wasser klar bleibt. Geben Sie die Muscheln dann in einen Topf. Den Weißwein dazugießen und die Muscheln zugedeckt 5 bis 10 Minuten kochen lassen, bis sich alle geöffnet haben. Ab und zu umrühren oder den Topf kräftig rütteln. Muscheln, die sich nicht geöffnet haben, aussortieren und wegwerfen.

3. Gießen Sie die Muscheln ab, dabei den Garsud auffangen und diesen dann durch ein mit einem Tuch ausgelegtes Sieb gießen. Die Hälfte der Muscheln aufbrechen und das Fleisch mit einem Löffel oder einer halben Muschelschale aus der Schale lösen. Muscheln, Muschelfleisch, Gemüse (mit Garsud) und den Muschelsud zusammenschütten und alles kurz aufkochen.

4. Richten Sie die Suppe an, und servieren Sie nach Belieben etwas Crème fraîche separat dazu.

Scharfe Krabbensuppe

ZUBEREITUNG 30 Min.

FÜR DIE CURRYPASTE
· je 1 TL Koriandersamen und Kreuzkümmelsamen
· 1 Zimtstange, ½ TL gemahlene Muskatblüte
· 3 frische rote Chilischoten
· 1 kleines Stück frische Ingwerwurzel (2 cm)
· 1 Schalotte, 2 Knoblauchzehen
· 1 Stängel Zitronengras
· 1 TL Salz oder etwas Fischsauce

FÜR DIE SUPPE
· 1 Aubergine
· Saft von 1 Limette
· 2 Zwiebeln
· 250 g Möhren
· 4 EL helles Sesamöl (oder anderes
  hoch erhitzbares neutrales Pflanzenöl)
· 600 ml Hummerfond
· 100 g Kokoscreme
· 200–250 g ausgelöstes Krabbenfleisch
  (z. B. von Schneekrabben)
· ½ Bund Koriandergrün
· Salz, Cayennepfeffer
· 50 g Kokosspäne von frischer Kokosnuss
  (Reformhaus)

AUSSERDEM
· 1 Schraubglas (etwa 60 ml Inhalt)
  für die Gewürzpaste

1. Für die Currypaste in einer Pfanne Koriander, Kreuz-kümmel, Zimtstange und Muskatblüte 2 bis 3 Minuten trocken rösten, dann im Mörser fein zerstoßen.

2. Die Chilischoten waschen, halbieren, die Samen ent-fernen. Ingwer, Schalotte und Knoblauch schälen. Das Zitronengras von den äußeren Blättern befreien. Zerklei-nern Sie alle diese Zutaten grob, und geben Sie sie mit dem Salz bzw. der Fischsauce in den Mörser. Verarbeiten Sie alles mit dem Stößel zu einer glatten Paste. Diese in das Schraubglas abfüllen (so kann man den Rest später gut im Kühlschrank aufbewahren).

3. Die Aubergine waschen, in etwa 1 cm große Würfel schneiden und mit dem Limettensaft beträufeln. Zwie-beln schälen, Möhren waschen und putzen, dann beides klein würfeln.

4. Dünsten Sie Zwiebeln und Möhren in einem Topf im heißen Sesamöl an. Auberginen, 2 TL Currypaste, Hum-merfond und Kokoscreme zugeben, dann alles 20 Minu-ten zugedeckt kochen lassen. Anschließend den Topf von der Kochstelle nehmen und den Inhalt mit einem Mixstab mittelfein pürieren.

5. Schneiden Sie das Krabbenfleisch in mundgerechte Stücke, und lassen Sie es dann 5 Minuten in der Suppe ziehen. Inzwischen das Koriandergrün waschen. Schme-cken Sie die Suppe mit wenig Salz und Cayennepfeffer ab. Die Kokosspäne in einer Pfanne ohne Fett rösten. Die Suppe portionieren, mit Kokosspänen und Koriander-blättchen garnieren.

Cappuccino von Krustentieren mit Rosmarin-Garnelenspieß

ZUBEREITUNG 2 Std.

FÜR DIE SUPPE
· 1 kg Krustentierschalen
  von Hummer, Langusten,
  Flusskrebsen usw.
· 70 ml Olivenöl
· 80 g Möhren
· 80 g Lauch
· 80 g Staudensellerie
· 1 Knoblauchzehe
· 1 ½ EL Tomatenmark
· 100 ml Weißwein

· 30 ml Portwein
· 50 ml Noilly Prat
· 40 ml Cognac
· 6 weiße Pfefferkörner
· 12 Koriandersamen
· 5 Thymianzweige
· 1 l Fischfond (siehe Seite 23;
  oder aus dem Glas)
· 200 g Sahne
· Meersalz, frisch gemahlener
  weißer Pfeffer
· Tabasco
· 2 TL Speisestärke

FÜR DEN SCHAUM
· 1 Knoblauchzehe
· 100 ml Milch (3,5 % Fett)
· 1 Lorbeerblatt
· Chilipulver

FÜR DIE GARNITUR
· 4 Rosmarinstängel
· 12 kleine Garnelen
· Olivenöl zum Braten
· Meersalz

1. Die Krustentierschalen klein hacken, waschen und auf einem Sieb abtropfen lassen. Erhitzen Sie das Olivenöl in einem großen Suppentopf, und rösten Sie die Schalen darin etwa 30 Minuten bei schwacher Hitze an, sie dabei immer wieder wenden.

2. Das Gemüse waschen und putzen, den Knoblauch schälen, alles klein schneiden, zu den Schalen geben und 5 Minuten mitrösten. Geben Sie das Tomatenmark dazu, und rösten Sie das Ganze weitere 3 Minuten. Dann Weißwein, Portwein, Noilly Prat, Cognac, Pfeffer und Koriander, Thymian und den Fischfond zufügen und alles 1 Stunde bei schwacher Hitze köcheln lassen.

3. Passieren Sie den Fond durch ein feines Haarsieb in einen sauberen Topf, und lassen Sie ihn auf ein Drittel einkochen. Inzwischen für die Garnitur an jedem Rosmarinstängel die Nadeln bis auf die im oberen Drittel entfernen und das untere Stängelende jeweils schräg anschneiden. Auf jeden Rosmarin-»Spieß« je drei Garnelen aufspießen

4. Geben Sie die Sahne zum Fond, diesen 5 Minuten köcheln lassen, mit Salz, Pfeffer und Tabasco abschmecken. Die Speisestärke in etwas kaltem Wasser auflösen, die Flüssigkeit damit leicht binden. Wärmen Sie vier Cappuccinotassen mit heißem Wasser vor.

5. Für den Schaum die Knoblauchzehe schälen und grob hacken. Die Milch mit Lorbeerblatt und Knoblauch aufkochen, das Lorbeerblatt entfernen, den Knoblauch in der Milch mit dem Mixstab passieren und die Milch dabei aufschäumen.

Für den Krustentierfond

Um 1 kg Krustentierschalen zu bekommen, muss man mindestens 4 bis 5 Hummer ausbrechen. Da man selten im Privathaushalt so viele Hummer auf einmal zubereitet, kann man die Schalen auch im Tiefkühlgerät über ein paar Monate sammeln. Alternativ können Sie die Krustentierschalen beim Fischhändler beziehen.

6. Die Tassen abtrocknen und jeweils Suppe einfüllen. Richten Sie den Milchschaum auf der Suppe an, und streuen Sie etwas Chilipulver darüber. Die Rosmarin-Garnelenspieße in Olivenöl anbraten, mit Meersalz würzen und dazuservieren.

Rauchaalsuppe mit Bärenkrebsfleisch und Gemüse-Apfel-Wan-Tan

ZUBEREITUNG 1 Std. 30 Min.

FÜR DIE WAN-TAN-TASCHEN
· 1 Granny-Smith-Apfel
· 1 Möhre (80 g)
· 2 Frühlingszwiebeln
· 1 EL Sesamöl
· Salz, frisch gemahlener Pfeffer
· 12 Blätter Wan-Tan-Teig
 (12 x 12 cm), 1 Eigelb
· Fett zum Ausbacken

FÜR DIE KORIANDER-
MAYONNAISE
· 3 EL Mayonnaise, 1 EL Sojasauce
· 1 Msp. geriebene frische
 Ingwerwurzel
· 1 EL gehackte Korianderblätter

FÜR DIE SUPPE
· 4 Bärenkrebsschwänze
· 2–3 Schalotten
· 1 Stange Staudensellerie
· 3–4 Petersilienstängel
· 500 g Rauchaalkarkassen
 (vorbestellen)
· 3 EL Sonnenblumenöl
· 100 ml trockener Weißwein
· 500 ml Fischfond (siehe
 Seite 23; oder aus dem Glas)
· 200 g Sahne
· Salz, frisch gemahlener Pfeffer
· 1 EL Speisestärke
· 1 Bund Schnittlauch, fein
 geschnitten

Bärenkrebse *zeichnen sich durch ein besonders feines Fleisch aus, das dem der Languste ähnelt. Sie sind allerdings selten zu bekommen und sehr teuer. Dieses Rezept können Sie alternativ auch mit Kaisergranat zubereiten.*

1. Den Apfel waschen, schälen und entkernen. Möhre und Frühlingszwiebeln waschen und putzen. Alles in feine Streifen schneiden. Schalen und Abschnitte für den Suppenansatz zurückbehalten.

2. Dünsten Sie Apfel-, Möhren- und Lauchstreifen im Sesamöl 1 Minute an, sodass sie noch knackig bleiben. Salzen und pfeffern, zum Abtropfen auf Küchenpapier geben, abkühlen lassen. Breiten Sie die Wan-Tan-Blätter aus, bestreichen Sie die Ränder dünn mit Eigelb. Je 1 EL Gemüsestreifen auf die Blätter geben, diese zu Dreiecken zusammenklappen. Ränder zusammendrücken.

3. Kochen Sie für die Suppe die Bärenkrebsschwänze in Salzwasser etwa 4 Minuten. Sie dann in kaltem Wasser abschrecken, das Fleisch ausbrechen (wie beim Hummer, siehe Seite 36/37) und in 2 cm große Stücke schneiden. Verrühren Sie alle Zutaten für die Koriandermayonnaise.

4. Für die Suppe die Schalotten schälen, Sellerie putzen. Beides ebenso wie die Petersilienstängel klein schneiden, mit den Aalkarkassen sowie Schalen und Abschnitten von Apfel und Gemüse im Öl andünsten. Löschen Sie mit Wein ab, dann Fischfond und Sahne zugeben, alles 15 Minuten köcheln lassen. Die Suppe durch ein Sieb gießen, mit Salz und Pfeffer abschmecken, evtl. mit Speisestärke binden.

5. Erhitzen Sie das Ausbackfett. Die Gemüse-Apfel-Wan-Tans darin goldbraun frittieren. Dabei mehrmals wenden. Auf Küchenpapier abtropfen lassen und leicht salzen. Verteilen Sie das Bärenkrebsfleisch in vorgewärmte Suppenschalen. Die Suppe mit einem Mixstab aufschäumen, über das Krebsfleisch geben, mit Schnittlauch bestreuen. Dazu die Wan-Tans und die Koriandermayonnaise servieren.

Räucherfisch

(1)

(1) RÄUCHERLACHS

Er stammt meist von norwegischem, schottischem oder kanadischem **Zuchtlachs** oder vom Atlantischen **Wildlachs,** der den höchsten Fettgehalt (14 %) hat.

Als Räucherlachs werden **kalt geräucherte Scheiben** von gesalzenem Lachs bezeichnet. Vor dem Räuchern wird der Fisch in bewegter Luft **vorgetrocknet,** wodurch er festes Fleisch und ein appetitliches Aussehen bekommt. Räucherlachs ist bis zu 14 Tage haltbar.

Weil er bereits aufgeschnitten ist, ist bei Räucherlachs Hygiene besonders wichtig: **Achten Sie auf gute Kühlung** und frieren Sie Ware, die nicht sofort verzehrt wird, ein. Nehmen Sie den Fisch mindestens eine Stunde vor Verzehr aus dem Kühlschrank, damit sich sein besonderes **Aroma voll entfalten** kann.

(2)

(2) GERÄUCHERTE HERINGE

Nord- und Ostseeheringe werden unausgenommen geräuchert. Sie haben im Sommer eine sehr gute Qualität, weil sie dann sehr fettreich sind. Die kleinen **Kieler Sprotten** (geräucherte Sprotten) sind dagegen in der zweiten Jahreshälfte besser. Vor dem Räuchern werden die gewaschenen und geschuppten Fische in milde Salzlake eingelegt und dann bei 70 bis 90 °C **heiß geräuchert.**

Kipper nennt man von der Bauchseite her **gespaltene** und aufgeklappte (zunächst in Salzlake eingelegte und dann) geräucherte frische Fettheringe. Sie werden vor dem Verzehr **gebraten.**

(3)

(3) GERÄUCHERTE MAKRELEN UND RÄUCHERAAL

Die **geräucherte Makrele** ist eine der populärsten Fischspeisen in **Nordeuropa**. Makrelen werden meist bei 15 bis 20 °C **kalt geräuchert**, was sie im Vergleich zu heiß geräucherten Fischen länger haltbar macht. Auch bleibt das Fleisch des Fisches durch den kalten Rauch fester. Räuchermakrelen gibt es **im Ganzen oder als Filet**.

In Deutschland produzierter **Räucheraal** stammt überwiegend aus Zuchten (der wild lebende Flussaal ist seit Jahren stark gefährdet). Aal wird **heiß geräuchert**. Das fettreiche Fleisch ist **zartschmelzend**.

(4)

(4) GERÄUCHERTE FORELLEN

Räucherforellen sind ausgenommene geräucherte **ganze Forellen** (auch Lachsforellen) mit Kopf. Im Handel sind außerdem geräucherte gehäutete sowie ungehäutete **Forellenfilets.** Achten Sie beim Einkauf auf Herkunft und Aufzucht der Fische, und **bevorzugen Sie Bio-Produkte.**

Geräucherte Forellen sind aufgrund ihres **niedrigen Fettgehalts** sehr beliebt, schmecken delikat und können in der Seafood-Küche **vielseitig verwendet** werden, etwa mit Salat oder pur mit etwas frisch geriebenem Meerrettich mit Sahne.

Hauptgerichte
mit Süßwasserfisch

Soufflierte Renkenröllchen auf Graupengemüse

ZUBEREITUNG 30 Min.
+ EINWEICHEN 12 Std.

ZUTATEN
· 120 g Perlgraupen mittlerer Größe
· 1 TL Salz
· ½ Bund Dill
· 8 EL Fischfarce aus Saibling oder
  Lachsforelle (siehe Kasten)
· 4 Renken-/Felchenfilets ohne Haut und Gräten
· 4 EL feine Gemüsewürfelchen aus Möhren,
  Sellerie, Lauch und Kohlrabi
· 60 ml trockener Weißwein
· 150 ml kräftiger Geflügelfond
· 1 ½ EL kalte Butterflocken
· 4 EL geriebener Parmesan

AUSSERDEM
· 4 blanchierte Gemüsestreifen zum Umbinden der
  Röllchen (z. B. von Lauch oder Zucchinischale)
· Butter für die Form
· Parmesanspäne zum Garnieren

Fischfarce aus Filet von Salmoniden wie Forelle, Lachs oder Saibling

200 g FILET VOM SAIBLING oder von anderen Salmoniden klein schneiden, mit 1 TL Salz und weißem Pfeffer würzen. Die Masse gut kühlen, dann durch den Fleischwolf drehen. Die Schüssel auf zerstoßene Eiswürfel stellen, 100 g Sahne unter das Fischpüree rühren. Die Masse in zwei Portionen im Mixer pürieren. Zurück auf das Eis stellen. Streichen Sie die Farce portionsweise durch ein Sieb, um Gräten und grobe Bestandteile zu entfernen. Weitere 100 g flüssige Sahne unterheben, die Farce mit Salz und Pfeffer kräftig abschmecken, 25 g leicht geschlagene Sahne unterziehen.

1. Weichen Sie die Graupen über Nacht in kaltem Wasser ein. Spülen Sie dann die Graupen auf einem Sieb ab. Sie dann in einen Topf geben und mit gesalzenem Wasser gut bedecken (Wasserspiegel etwa 1 cm über den Graupen). In etwa 10 Minuten nicht ganz gar kochen.

2. Inzwischen den Backofen auf 175 °C vorheizen. Den Dill waschen, trocken schütteln, die Spitzen abzupfen und hacken. Geben Sie den Dill unter die vorbereitete Fischfarce. Die Fischfilets säubern, kalt abwaschen, trocken tupfen und eventuell verbliebene Gräten entfernen. Auf der Seite, auf der die Haut war, dünn mit Fischfarce bestreichen und die Filets aufrollen.

3. Binden Sie um jedes Röllchen einen Gemüsestreifen, und setzen Sie sie in eine gebutterte, feuerfeste Form. Den Weißwein angießen und die Renkenröllchen im Backofen (Mitte, Umluft nicht empfehlenswert) für 8 bis 10 Minuten garen.

4. Gießen Sie die Graupen ab, und fügen Sie den Geflügelfond und die Gemüsewürfelchen zu. Das Ganze in 5 Minuten cremig einkochen. Mit 1 EL Butterflocken binden, mit Parmesan verfeinern und auf vorgewärmten Tellern anrichten. Setzen Sie die gegarten Renkenröllchen darauf. Den Fischfond mit der übrigen Butter aufschäumen und die Renkenröllchen damit umziehen. Mit Parmesanspänen garnieren.

Strudel von Lachsforelle und Zander

ZUBEREITUNG 45 Min.
(ohne Filetieren)

FÜR DEN STRUDEL
· 2 Lachsforellenfilets ohne Haut
  (je etwa 80 g) oder 1 Lachsforelle
  (etwa 400 g)
· 4 Zanderfilets ohne Haut (je etwa
  80 g) oder 1 Zander (etwa 800 g)
· 100 g Fischfiletabschnitte (Endstück-
  chen; werden nicht benötigt, wenn
  ganze Fische verwendet werden)
· 100 g kalte Sahne
· Salz, frisch gemahlener Pfeffer
· frisch geriebene Muskatnuss
· 2 große Mangoldblätter
· 2 Brickteigblätter
· Butterschmalz zum Ausbacken

FÜR DIE SCHAUMSAUCE
· 1 Schalotte
· 6 Champignonköpfe
· 2 EL Butter
· 150 ml trockener Weißwein
· 200 ml Fischfond (siehe Seite 23;
  oder aus dem Glas)
· 100 g Sahne, 1 EL Crème fraîche
· 1 TL kalte Butterflocken
· Salz, frisch gemahlener Pfeffer

AUSSERDEM
· 4 EL Forellenkaviar

S. 24
KOCHKURS Fischfarce

1. Falls Sie ganze Fische verarbeiten, die Lachsforelle und den Zander filetieren, von Haut und Gräten befreien (siehe Seite 14/15). Die Fischfiletabschnitte klein schneiden und für etwa 10 Minuten in das Gefriergerät stellen. Dann mit kalter Sahne, Salz, Pfeffer und Muskat im Mixer zu einer glatten Farce verarbeiten, diese eventuell durch ein feines Passiersieb streichen und kalt stellen.

2. Den Backofen auf 180°C vorheizen. Befreien Sie die Mangoldblätter von den dicken weißen Stielen, die Blätter dann in gut gesalzenem Wasser kurz blanchieren, kalt abschrecken, auf Küchenpapier ausbreiten und trocken tupfen.

3. Für die Schaumsauce die Schalotte schälen und fein würfeln. Die Champignons putzen und fein hacken. Dünsten Sie Schalotten und Champignons in Butter an. Mit Weißwein und Fischfond ablöschen und die Flüssigkeit auf die Hälfte reduzieren lassen.

4. Inzwischen bestreichen Sie die Lachsforellenfilets mit Farce und umwickeln sie jeweils mit Mangold. Die Stücke jeweils zwischen zwei Zanderfilets legen, mit der restlichen Farce bestreichen und in je ein Brickteigblatt einpacken. Die Päckchen in Butterschmalz goldbraun anbraten und für etwa 7 bis 9 Minuten im Backofen (Mitte) backen.

5. Sahne und Crème fraîche zur Sauce geben und alles fein mixen. Gießen Sie die Sauce durch ein Sieb, und schlagen Sie sie nochmals mit Butterflöckchen auf. Mit Salz und Pfeffer abschmecken. Die Strudel aus dem Ofen nehmen, kurz ruhen lassen, dann in je vier Stücke schneiden. Mit der Sauce in tiefen Tellern anrichten und mit Forellenkaviar garnieren.

Wels im Steinpilzmantel an Thymian-Rieslingsauce

ZUBEREITUNG 1 Std. 10 Min.

FÜR DEN FISCH
- · 2 Welsfilets (je 300 g)
- · 1 Bio-Zitrone
- · Salz, frisch gemahlener Pfeffer
- · 300 g frische Steinpilze
- · 2 Schalotten
- · 30 g Butter zum Braten
- · 50 g getrocknete Steinpilze
- · 100 g Brioche
- · 1 Bund Petersilie
- · 2 Eier
- · 1 Schweinenetz (siehe Kasten)

FÜR DIE SAUCE
- · 2 Schalotten
- · 50 g Butter
- · 250 ml Riesling
- · 100 ml Fischfond (siehe
  Seite 23; oder aus dem Glas)
- · 200 g Sahne
- · 1 Bund Thymian

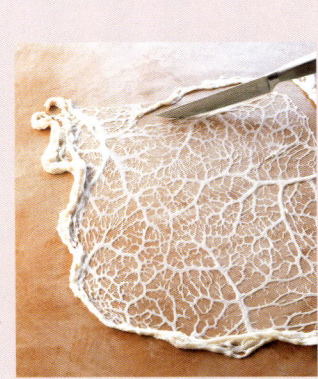

Schweinenetz oder Fettnetz
ist ein feines, netzartiges Fettgewebe aus dem Bauchfell des Schweins. In der Küche wird es zum Zusammenhalten von Gerichten wie Rouladen, Hackbraten, Crépinettes oder Adrio, einer Schweizer Brühwurst, verwendet, um sie zu Beginn des Garens vor dem Auseinanderfallen zu bewahren. Im Lauf des Garprozesses löst sich das Netz beinahe vollständig auf, da das Fett schmilzt. Das macht das Eingewickelte saftig und trägt zu dessen Wohlgeschmack bei. Schweinenetz müssen Sie beim Metzger vorbestellen. Übriges Schweinenetz können Sie für die spätere Verwendung einfrieren.

1. Spülen Sie die Fischfilets kalt ab, und tupfen Sie sie trocken. Die Zitrone heiß waschen, abtrocknen und die Schale abreiben. Fischfilets mit Salz, Pfeffer und mit dem Zitronenabrieb würzen und jeweils halbieren.

2. Die Steinpilze mit einem Tuch abreiben, braune Stellen abschneiden. Dann schneiden Sie die Pilze in nicht zu kleine Würfel. Die Schalotten schälen, fein würfeln. In einer Pfanne die Butter erhitzen und Pilz- und Schalottenwürfel darin kurz bei starker Hitze anbraten, die Pfanne von der Kochstelle nehmen.

3. Verarbeiten Sie die getrockneten Pilze im Blitzhacker zu Pulver. Die Brioche grob zerkrümeln. Die Petersilie waschen, trocken schütteln und die Blättchen fein schneiden. Mischen Sie die abgekühlten Pilze mit den Eiern, den Briochebröseln, Steinpilzpulver, Petersilie, Salz und Pfeffer.

4. Backofen auf 160°C Umluft vorheizen. Das Schweinenetz ausbreiten, in vier Stücke teilen, auf jedes ein Fischstück legen, obenauf ein Viertel der Pilzfarce geben. Die Portionen in das Netz einschlagen. Setzen Sie sie dann auf ein mit Backpapier belegtes Blech, und garen Sie sie 20 Minuten im Ofen (Mitte).

5. Inzwischen für die Sauce die Schalotten fein würfeln und in einem Topf in der Butter andünsten. Den Wein dazugeben und auf die Hälfte einkochen lassen. Rühren Sie den Fischfond ein. Diesen etwa um ein Drittel einkochen lassen, schließlich das Ganze mit der Sahne bei schwacher Hitze in etwa 10 Minuten zu einer sämigen Sauce einreduzieren.

6. Nehmen Sie den Topf von der Kochstelle, und mixen Sie die Sauce mit dem Mixstab auf. Den Thymian waschen, die Blätter abzupfen und unter die Sauce rühren. Richten Sie die Fischfilets auf vorgewärmten Tellern mit der Sauce an.

Gedämpftes Forellenfilet mit Kartoffel-Mango-Ravioli

ZUBEREITUNG 1 Std. 25 Min. + RUHEN 12 Std.

FÜR DIE RAVIOLI
- 250 g Mehl, 1 EL Olivenöl
- Salz
- 4 Eigelbe, 2 Eier
- frisch geriebene Muskatnuss
- 150 g Kartoffeln
- 50 g Sahne
- Butter zum Anschwenken
- abgeriebene Schale und Saft von ½ Bio-Limette
- ½ Mango

FÜR DEN FISCH
- 4 Forellenfilets von je 125 g
- 400 g Blattspinat (möglichst große Blätter)
- 120 g Lachsfilet
- 80 g Sahne
- etwas Zitronensaft
- ein Spritzer Noilly Prat (Wermut)
- Salz, frisch gemahlener weißer Pfeffer
- 12 Eiswürfel für ein Eiswasserbad

FÜR DIE SAFRANSAUCE
- 200 ml Fischfond (siehe Seite 23; oder aus dem Glas)
- 100 ml trockener Weißwein
- 100 g Sahne
- 1 Lorbeerblatt, 2 Thymianzweige, 0,1 g Safranfäden (1 Döschen/Briefchen)
- Speisestärke zum Abbinden
- 80 g kalte Butterwürfel
- 1 EL geschlagene Sahne

AUSSERDEM
- Topf mit Dämpfeinsatz

FORELLENROULADE HERSTELLEN
Spinatmantel, Farceschicht, Aufrollen

(1) Bereiten Sie vier Stücke Frischhaltefolie vor, und legen Sie die Spinatblätter darauf einander überlappend zu jeweils einem Rechteck aus, das so groß ist, dass die Filets eingewickelt werden können.

(2) Gut zwei Drittel der Lachsfarce vorsichtig auf den Spinat streichen. Anschließend je zwei Forellenfilets (mit ein wenig Farce dazwischen) mittig platzieren.

(3) Wickeln Sie nun die Fisch-Spinat-Rouladen jeweils mithilfe der Folie auf, und schlagen Sie sie in die Frischhaltefolie ein.

1. Für den Nudelteig – am besten am Vortag – Mehl, Öl, 1 Prise Salz, Eigelbe, 1 Ei und Muskat zu einem Teig kneten. In Folie gewickelt kalt stellen.

2. Am nächsten Tag kochen Sie die Kartoffeln als Pellkartoffeln. Für die Sauce Fond, Wein und Sahne mit den Gewürzen auf ein Drittel reduzieren. Forellenfilets in acht gleich große Stücke teilen.

3. Den Spinat (dicke Stiele entfernt) waschen. Blanchieren Sie den Spinat, und schrecken Sie ihn in einem Eiswasserbad (Schüssel mit kaltem Wasser und den Eiswürfeln darin) ab. Den Spinat in ein Sieb abschütten und vorsichtig ausdrücken.

4. Das Lachsfilet mit Sahne und einem Spritzer Zitronensaft zu einer Farce pürieren. Schmecken Sie diese mit Noilly Prat, Salz und weißem Pfeffer kräftig ab. Weiterverfahren wie auf Seite 130 in der Bildfolge gezeigt und beschrieben.

5. Die Kartoffeln noch warm pellen, durch die Kartoffelpresse drücken und mit der Sahne verrühren. Schälen Sie die Mango, und schneiden Sie sie in kleine Würfel. Diese unter das Püree heben. Mit Salz, Limettenschale und -saft abschmecken.

6. Den Nudelteig ausrollen, rund ausstechen, mittig etwas Kartoffel-Mango-Masse platzieren, die Ränder mit verquirltem Ei einpinseln und die Teigstücke zusammenklappen. Dämpfen Sie die Fischrouladen 10 bis 12 Minuten. Inzwischen die Ravioli in Salzwasser 3 Minuten blanchieren.

7. Die Sauce mit etwas in kaltem Wasser aufgelöster Stärke binden. Mixen Sie sie mit kalter Butter und geschlagener Sahne auf.

8. Die Fischrouladen aus der Folie nehmen und schräg aufschneiden. Die Ravioli in Butter anschwenken. Beides mit der Sauce anrichten.

Zanderfilet auf Kartoffelstreifen gebraten mit Kraut und Speck

ZUBEREITUNG 1 Std. 10 Min.

ZUTATEN
· 10 dünne Scheiben
  durchwachsener Speck
· 1 Zwiebel
· 5–6 EL Sonnenblumenöl
· 400 g Sauerkraut, 50 ml Weißwein
· 200 ml Geflügelfond
· Salz, frisch gemahlener Pfeffer
· 20 ml Ahornsirup
· 100 g Sahne
· 1 TL Speisestärke nach Belieben
· 600 g Zanderfilet ohne Haut
· 2 große Kartoffeln (etwa 450 g)
· 100 g saure Sahne
· 2 EL gehackte Petersilie

Zander hat ein besonders festes weißes Fleisch. Damit eignet er sich sehr gut zum Braten.

1. Den Speck für 20 Minuten abgedeckt ins Tiefkühlfach legen, so lässt er sich besser schneiden. Inzwischen schälen Sie die Zwiebel und würfeln sie fein. Die Hälfte davon in 1 EL Öl andünsten, das Sauerkraut dazugeben. Den Wein und 50 ml Geflügelfond angießen, alles 10 Minuten köcheln lassen. Schmecken Sie das Kraut mit Salz, Pfeffer und wenig Ahornsirup ab, und halten Sie es warm.

2. Den Speck in 1 mm feine Streifen schneiden, diese in einem Topf in 1 EL Öl langsam knusprig rösten. 2 EL für die Garnitur herausnehmen und auf Küchenpapier abtropfen lassen. Geben Sie die übrigen Zwiebeln zum Speck in den Topf, und dünsten Sie sie mit an. Mit dem übrigen Fond und der Sahne auffüllen, 10 Minuten köcheln lassen. Die Sauce mit Pfeffer und eventuell etwas Salz abschmecken, nach Belieben mit in kaltem Wasser angerührter Speisestärke binden. Die Sauce warm halten.

3. Den Backofen auf 160°C vorheizen. Das Zanderfilet kalt abwaschen, trocken tupfen und in vier gleich große Stücke schneiden. Schälen Sie die Kartoffeln, und schneiden Sie sie in 2 mm dicke Streifen. Diese leicht salzen und etwas durchkneten. Das restliche Öl in einer großen, beschichteten Pfanne erhitzen und pro Portion 2 bis 3 EL Kartoffelstreifen etwa in der Größe der Fischfiletstücke in die Pfanne geben. Die Zanderfilets mit eingeschlagenen Enden darauflegen und die Kartoffeln bei starker Mittelhitze braten, bis sie unten gut kross sind. Stellen Sie die Pfanne dann, je nach Dicke der Fischfilets, für 8 bis 12 Minuten mit aufgelegtem Deckel in den Backofen (Mitte).

4. Kurz vor dem Anrichten die saure Sahne und die gehackte Petersilie unter das Sauerkraut rühren. Das Sauerkraut portionieren, die Kartoffelpuffer mit Zander dazu anrichten. Gießen Sie etwas Specksauce an, und garnieren Sie mit den beiseitegestellten Speckstreifen.

Pochiertes Saiblingfilet mit Meerrettichmaultaschen

ZUBEREITUNG 40 Min. + RUHEN 2 Std.

FÜR DIE MAULTASCHEN
- · 150 g doppelgriffiges Mehl
- · 1 Ei, 5 Eigelbe, Salz
- · 4 Scheiben Toastbrot
- · 2 EL Quark, 1 EL geriebener Meerrettich
- · 1 EL fein geschnittener Schnittlauch
- · frisch geriebene Muskatnuss

AUSSERDEM
- · 2 Bund Frühlingszwiebeln
- · 60 g Butter, Meersalz
- · 150 ml Fischfond (siehe Seite 23; oder aus dem Glas), 100 g Sahne
- · 4 Saiblingfilets (je 150 g)
- · 50 ml Rote-Bete-Saft
- · frisch gemahlener Pfeffer

Die Verwendung von doppelgriffigem Mehl ergibt einen besonders elastischen, leicht knetbaren Teig.

1. Aus Mehl, Ei, 2 Eigelben, 1 Prise Salz und gegebenenfalls ein wenig Wasser einen festen Nudelteig herstellen und zum Ruhen 2 Stunden in den Kühlschrank legen. Inzwischen entrinden Sie das Toastbrot und verarbeiten es im Blitzhacker zu Bröseln. Diese mit 2 Eigelben, Quark, Meerrettich und Schnittlauch verrühren. Die Masse mit Salz und Muskat abschmecken und kalt stellen.

2. Die Frühlingszwiebeln waschen, putzen und in etwa 5 cm lange Stücke schneiden. Mit 50 g Butter in eine Kasserolle geben und mit Meersalz würzen. Bei kleiner bis mittlerer Hitze zugedeckt in etwa 10 Minuten langsam weich schmoren.

3. Inzwischen rollen Sie den Nudelteig dünn aus und schneiden ihn in Quadrate von 6 x 6 cm. Je 1 TL Meerrettichfüllung daraufgeben. Ränder mit Eigelb bestreichen, die Teigquadrate über Eck zuklappen, Ränder aneinander drücken. Die Maultaschen in reichlich sprudelndem Wasser 3 Minuten kochen.

Garnitur mit Aroma

Frisch gehobelte Meerrettichspäne, vor dem Servieren über das Gericht geschabt, geben eine pikant-scharfe Note.

4. Nehmen Sie die Frühlingszwiebeln aus dem Topf, und halten Sie sie warm. 10 g Butter mit Fischfond und Sahne aufkochen. Die Saiblingfilets, schmale Enden untergeschlagen, hineinlegen, Topf vom Herd nehmen und den Fisch in 3 bis 4 Minuten gar ziehen lassen.

5. Die Maultaschen aus dem Wasser heben und salzen. Richten Sie die Frühlingszwiebeln auf den Tellern an. Fischfilets und Maultaschen darauf verteilen. Den Rote-Bete-Saft in die Sauce geben und diese mit dem Mixstab aufschäumen. Das Gericht damit nappieren. Mit Pfeffer übermahlen.

Im Fenchelsud pochierter Felchen auf Kaviarlinsen

ZUBEREITUNG 1 Std. 10 Min.

FÜR DEN FISCH
- · 2 Zwiebeln
- · etwa 80 g frische Ingwerwurzel
- · 1 große Fenchelknolle (etwa 400 g)
- · 1 Stange Lauch
- · ¼ TL Kardamomsamen
- · 1 TL Fenchelsamen
- · 250 ml Fischfond (siehe Seite 23; oder aus dem Glas)
- · 100 ml Weißwein, 40 ml Wermut
- · 0,1 g Safranfäden (1 Döschen/ Briefchen)
- · 100 g Butter
- · 4 küchenfertige Felchen- filets/Renkenfilets
- · Butter zum Bestreichen

FÜR DIE LINSEN
- · 200 ml Gemüsebrühe
- · 400 g schwarze Beluga-Linsen
- · 1 Zwiebel
- · 1 rote Paprikaschote
- · 4 EL Olivenöl
- · 1 Lorbeerblatt
- · Salz, frisch gemahlener Pfeffer

1. Für den Fischsud die Zwiebeln und den Ingwer schälen, Fenchel und Lauch waschen und putzen. Schneiden Sie alles Gemüse und den Ingwer in feine Streifen. Kardamomsamen und Fenchelsamen in ein Gewürzsäckchen geben.

2. Fischfond, Wein und Wermut mit dem Gewürzsäckchen und dem Safran in einen Topf geben, alles aufkochen und kurz kochen lassen. Geben Sie das Ganze dann in eine Auflaufform, in die die Fischfilets nebeneinander hineinpassen, sodass der Boden komplett bedeckt ist. Die Butter dazugeben. Die Felchen- filets in den Sud legen, mit gebutterter Alufolie zudecken.

3. Den Backofen auf 180°C vorheizen. Inzwischen brausen Sie die Linsen in einem Sieb kalt ab und lassen sie abtropfen. Die Zwie- bel schälen und würfeln. Die Paprikaschote waschen, halbieren, vierteln, entkernen und in feine Würfel schneiden.

4. Den Fisch 10 bis 15 Minuten im heißen Ofen (Mitte) garen. Jetzt entwickeln sich die Aromen, und der Fisch wird von allen Seiten damit durchzogen.

5. Inzwischen erhitzen Sie für die Linsen die Gemüsebrühe. In einem zweiten Topf das Olivenöl erhit- zen, Paprikawürfel und die Zwiebel darin glasig dünsten. Die Linsen zugeben und 3 Minuten andüns- ten. Etwas von der heißen Gemüsebrühe angießen, das Lorbeerblatt dazugeben und die Linsen in etwa 20 Minuten bissfest garen (siehe Kniff). Geben Sie dabei nach und nach etwas von der Gemüsebrühe zu – wie beim Kochen von Risotto.

6. Das Linsengemüse auf einem Teller anrichten. Den Fisch aus dem Ofen nehmen und mit dem Fenchelgemüse und dem Sud neben den Linsen anrichten.

Linsen bissfest garen

Je frischer die Linsen – gleich welcher Sorte –, desto kürzer ist ihre Garzeit. Kosten Sie daher während der Kochzeit immer wieder, damit die Linsen nicht zu weich geraten.

Panierter Weihnachtskarpfen

ZUBEREITUNG 45 Min.

FÜR DEN PETERSILIENSALAT
· 1 Zwiebel, 1 EL eingelegter grüner Pfeffer
· 1 EL Rotweinessig
· 3 EL Olivenöl, Salz, Zucker
· 2 Bund Petersilie
· 2 Petersilienwurzeln, 2 Mandarinen

FÜR DEN KARPFEN
· 4 Karpfenfilets (je 150–200 g), Salz
· 2 Eier, 50 ml Milch
· je 1 Msp. gemahlener Piment, Zimt
  und gemahlene Chili
· frisch gemahlener Pfeffer
· 200 g geriebenes entrindetes Weißbrot
· 100 g Mehl, 120 ml Öl

1. Die Zwiebel für die Vinaigrette fein hacken. Zerstoßen Sie die Pfefferkörner im Mörser etwas, und geben Sie sie mit den Zwiebeln in eine Schüssel. Essig, Öl, Salz und Zucker dazugeben und alles verrühren.

2. Die Petersilie waschen, die Blätter grob schneiden. Petersilienwurzeln schälen, mit einem Sparschäler lange Streifen abschälen und mit der gehackten Petersilie mischen. Die Mandarinen halbieren und in einer Pfanne anbraten, bis sie Farbe bekommen.

3. Inzwischen die Karpfenfilets leicht salzen und in breite Streifen schneiden. Eier in einer Schüssel aufschlagen, mit der Milch verquirlen, Gewürze mit den Weißbrotbröseln vermengen. Wälzen Sie die Karpfenstücke in Mehl, dann ziehen Sie sie durch die Eimasse und wenden sie in den Bröseln. Die Stücke in reichlich Öl ausbraten. Auf Küchenpapier abtropfen lassen.

4. Schälen Sie die warmen Mandarinenhälften, zerteilen Sie sie in kleine Stücke, und vermengen Sie sie mit dem Petersiliensalat. Die Vinaigrette bis auf einen kleinen Rest darübergeben und alles mischen.

5. Den Salat auf angewärmten Tellern anrichten, etwas Vinaigrette darübergeben, die Karpfenstücke anlegen.

Karpfen gestern und heute

URSPRÜNGLICH STAMMT DER KARPFEN aus Asien, er wurde dort bereits vor unserer Zeitrechnung gezüchtet. Weil er nur geringe Ansprüche an seinen Lebensraum stellt, ist er seit dem Mittelalter auch in Deutschland ein beliebter Teichfisch. Karpfen sind Vegetarier – sie ernähren sich von Bodentieren und Plankton – und können auch in flachem, warmem und relativ sauerstoffarmem Wasser gehalten werden. Karpfen werden bis zu 40 Jahre alt und erreichen ein Gewicht von bis zu 30 kg. In der Teichwirtschaft werden die Fische allerdings nur drei bis vier Sommer gehalten und kommen mit 2 bis 4 kg in den Handel – dem vom Verbraucher gewünschten Gewicht.

ZUR FASTENSPEISE wurde der Karpfen dadurch, dass die mittelalterliche Teichwirtschaft im Wesentlichen in Klöstern betrieben wurde. Und dass in vielen Regionen Karpfen traditionell zu Weihnachten serviert wird, liegt daran, dass die Zuchtteiche im Spätherbst abgelassen werden.

ZUBEREITEN KANN MAN KARPFEN auf verschiedenste Arten: gekocht bzw. pochiert (Karpfen blau), gedünstet, in der Pfanne und im Ofen gebraten, natur oder paniert frittiert bzw. in einer Pfanne in reichlich Fett ausgebacken; und man kann den Fisch auch räuchern. Die Haut des Karpfens schmeckt übrigens ausgezeichnet, sie kann bei allen Zubereitungsarten mitgegessen werden.

VIELE KLEINE, Y-FÖRMIGE GRÄTEN befinden sich im Karpfenfleisch der oberen Filethälften sowie im Fleisch, das zwischen Brustgräten und der Schwanzflosse liegt. Doch wenn Sie das Fischfleisch bei Tisch während des Essens behutsam auseinanderschieben, können Sie diese gut erkennen und entfernen, bevor sie mit in den Mund wandern. Das auf den Bauchgräten aufliegende Fleisch dagegen ist nicht nur besonders schmackhaft, sondern auch grätenlos. Inzwischen gibt es außerdem grätenfreies Karpfenfilet zu kaufen bzw. in manchen Restaurants zu genießen. Es ist nicht im eigentlichen Sinne frei von Gräten; vielmehr wurden diese durch Einschneiden des Filets so zerkleinert, dass sie zum einen beim Garen größtenteils zerkochen, zum anderen beim Essen nicht mehr stören.

Gegrillte marinierte Lachsforelle

ZUBEREITUNG 30 Min.
+ MARINIEREN 2 Tage
+ GRILLEN 20 Min.

ZUTATEN
· 600 g Butter
· 2 Lachsforellen (je 600 g),
  küchenfertig
· 40 g Meersalz
· 2 Bio-Limetten
· je 140 g Estragon- und Dill-
  blättchen, grob gezupft

AUSSERDEM
· 2 große Fischzangen für den Grill
· extrastarke Alufolie

Über die Kräuterfische *jeweils die Hälfte der geschmolzenen Butter gießen. Dann jeweils die Frischhalte-folie über dem Fisch so zusammen-ziehen, dass der Fisch eng im Butter-bett liegt. Schlagen Sie nun jeweils die Alufolie über das Ganze und verschließen Sie sie dicht. Die Fisch-päckchen kühl stellen.*

Nach 1 Stunde *die Folie noch ein-mal vorsichtig andrücken, sodass die Kräuter-Butter-Schicht auch überall direkt auf dem Fisch aufliegt. Die Fische dann im Kühlschrank 2 Tage ziehen lassen.*

1. Schmelzen Sie die Butter in einem Topf bei schwacher Hitze langsam. Die Lachsforellen kalt ab-waschen, trocken tupfen, mit Meersalz außen und innen würzen. Limetten heiß waschen, abtrocknen, in Scheiben schneiden und diese in die Bauchöffnungen legen.

2. Bereiten Sie zwei große Stücke extrastarke Alufolie so vor, dass je eine Forelle gut darin eingeschlagen werden kann. Die Folie an den Seiten jeweils etwa 10 cm hochziehen. Nun ein großes, die Alufolie jeweils reichlich überlappendes Stück Frischhaltefolie in jede Alufolien-Form legen. Verteilen Sie auf dem Boden die Hälfte des Estragons und des Dills. Die Lachsforellen darauflegen und den Rest Dill und Estragon darüber verteilen. Weiterverfahren wie im Kasten oben rechts gezeigt und beschrieben.

Für anderes Grillbesteck

Wenn man nur kleine Fischzangen (oder meh-rere Gäste) hat, kann man Forellen, Doraden oder Rotbarben nehmen. Bei einer großen Fischzange eignet sich auch hervorragend eine ganze Seite vom Lachsfilet.

3. Nach zwei Tagen die Fisch-Kräuterbutter-Blocks auspacken, in die Fischzangen und diese auf den Grillrost legen. Den Backofengrill auf höchster Stufe vorheizen und die Fische daruntersetzen (oberste Schiene). Schieben Sie zum Auffangen der Butter eine Fettpfanne unter. Zuerst die beiden Seiten je 4 Minuten abschmelzen lassen, anschließend die Fische nochmals 5 Minuten von jeder Seite gar ziehen lassen. Die Kräuter verbrennen dabei, schützen jedoch den Fisch.

4. Nehmen Sie die Fische aus dem Ofen, und lösen Sie sie aus der Fischzange. Vor dem Servieren ver-brannte Kräuter entfernen.

In Caipirinha marinierter Wels in pikanter Kokossauce

ZUBEREITUNG 1 Std. 15 Min.
+ MARINIEREN 2–3 Std.

FÜR DEN WELS
· 1 Bio-Limette, 2 EL weißer Rohrzucker
· 8 cl Cachaça (Zuckerrohrschnaps)
· 600 g Welsfilet, Öl zum Braten

Sie erhalten den fast grätenfreien

Wels in verschiedenen Regionen

auch unter dem Namen Waller.

FÜR DIE KOKOSSAUCE
· 1 rote Zwiebel, 2 Knoblauchzehen
· 2 Frühlingszwiebeln
· 400 g festkochende Kartoffeln
· 3 Tomaten
· 1 EL Olivenöl
· 250 ml Fischfond (siehe Seite 23;
  oder aus dem Glas)
· 1 Dose Kokosmilch (400 ml)
· 2 EL Tomatenmark, 1 Chilischote
· 1 Msp. gemahlener Piment
· 1 Msp. gemahlener Kreuzkümmel
· 200 g geschälte Garnelen

1. Die Limette heiß waschen, abtrocknen und die Schale abreiben, den Saft auspressen. Den Saft (etwa 4 EL) mit dem Schalenabrieb, dem Zucker und dem Cachaça in ein zum Marinieren des Fischs geeignetes Keramikgefäß geben. Alle Zutaten miteinander verrühren. Schneiden Sie die parierten Fischfilets in große Würfel, und legen Sie sie in die Marinade. Den Fisch darin gut wenden und dies alle 10 Minuten wiederholen. Die Fischstücke insgesamt 2 bis 3 Stunden marinieren.

2. Schälen Sie Zwiebel und Knoblauch, und würfeln Sie beides fein. Die Frühlingszwiebeln putzen, waschen und in 5 cm lange Stücke schneiden. Diese längs in feine Streifen schneiden (nach Belieben nochmals quer halbieren). Schälen Sie die Kartoffeln. Die Knollen dann je nach Größe nur halbieren oder in etwa 2 cm große Stücke schneiden. Die Tomaten kurz in kochendem Wasser blanchieren, bis die Haut aufplatzt, danach in kaltem Wasser abschrecken, schälen und würfeln, dabei die Kerne entfernen.

3. Dünsten Sie in einer Pfanne im Olivenöl Zwiebeln und Lauchzwiebeln mit dem Knoblauch, bis die Zwiebeln glasig sind. Die Kartoffeln dazugeben, dann Tomaten, Fischfond und Kokosmilch einrühren und alles etwa 30 Minuten kochen lassen, bis die Kartoffeln bissfest sind und die Sauce eingedickt ist.

4. Fügen Sie Tomatenmark, Chili, Gewürze und die Garnelen hinzu, und garen Sie alles etwa 5 Minuten. Separat die marinierten Fischwürfel trockentupfen, in Öl anbraten, bis sie Farbe bekommen haben und zu den Kartoffeln geben. Alles vor dem Servieren nochmals gemeinsam aufkochen lassen.

Flusskrebse in warmem Kartoffelsalat mit Zitrone

ZUBEREITUNG 45 Min. + MARINIEREN 2 Std.

ZUTATEN
- etwa 2 kg abgekochte Flusskrebse in der Schale (ergibt etwa 400 g ausgelöstes Schwanzfleisch)
- 800 g kleine festkochende Kartoffeln, Salz
- 1 EL Kümmelsamen
- 2 rote Zwiebeln
- 2 EL Fenchelsamen, 4 EL Olivenöl
- 1 gelbe Paprikaschote
- ½ Bund Petersilie, 100 ml heiße Gemüsebrühe
- 1–2 EL Cidre-Essig
- Fleur de sel, frisch gemahlener Pfeffer
- 2 eingelegte Zitronen (selbst gemacht, siehe Kasten, oder aus dem Orient-Lebensmittelladen) oder der Saft und Abrieb von 2 Bio-Zitronen
- 10 schwarze Oliven
- Butter zum Braten

Eingelegte Zitronen

ZEHN BIO-ZITRONEN unter fließendem heißem Wasser gründlich abbürsten und abtrocknen, dann längs halbieren, in Spalten schneiden und in ein hohes Einweckglas geben. Die Zitronenstücke mit Wasser bedecken. Fügen Sie dann 3 EL Meersalz, 3 Rosmarinzweige, 50 g Zucker und 5 EL Olivenöl hinzu, und lassen Sie die Zitronen 10 bis 15 Tage im verschlossenen Glas ziehen.

1. Vier ganze Flusskrebse für die Garnitur beiseitelegen. Lösen Sie von den übrigen Krebsen das Schwanzfleisch aus (siehe Seite 31). Dieses anschließend mit einem scharfen Messer einschneiden und den Darm entfernen.

2. Kartoffeln in 20 bis 25 Minuten in Salzwasser mit dem Kümmel garen. Inzwischen schälen Sie die Zwiebeln, schneiden sie in feine Streifen und geben sie mit Fenchelsamen und Öl in eine Schüssel. Paprika waschen, putzen, entkernen und längs in feine Streifen schneiden. Die Petersilie waschen, trocken schütteln und die Blätter grob schneiden.

3. Kartoffeln schälen, dann halbieren oder vierteln und in einer Salatschüssel sofort mit heißer Brühe und Essig übergießen, salzen und pfeffern. Schneiden Sie die eingelegten Zitronen in Stückchen, und geben Sie sie mit Paprika und Oliven zu den Kartoffeln. Die Zwiebeln mit dem Öl und die geschnittene Petersilie hinzufügen. Alles gut durchmischen und mindestens 2 Stunden durchziehen lassen.

4. Wenn der Kartoffelsalat durchgezogen ist, braten Sie die Flusskrebsschwänze in etwas Butter bei nicht zu starker Hitze in einer Pfanne an und lassen sie etwas bräunen. Sie dann nur leicht mit Fleur de sel und Pfeffer würzen und auf dem Kartoffelsalat anrichten. Mit den Krebsen garnieren.

S. 31
KOCHKURS Flusskrebse auslösen

Hauptgerichte
mit Salzwasserfisch

Gebratene Sardinen auf lauwarmem Tomatensalat

ZUBEREITUNG 35 Min.

ZUTATEN

· 4 EL Pinienkerne
· 1 Bund Rucola (etwa 100 g)
· 20 g Parmesan, frisch gerieben
· 250 ml kalt gepresstes Olivenöl und Olivenöl zum Braten
· Meersalz, frisch gemahlener Pfeffer
· 250 ml Aceto balsamico
· 50 g Zucker und Zucker zum Würzen
· 6 reife Flaschen- oder Strauchtomaten
· 500–600 g kleine Sardinenfilets (am besten als Doppelfilets)
· etwas Mehl zum Wälzen

Sardellen und Sardinen *gehören zu den heringsartigen Fischen, erkennbar an den silbrigen Schuppen, der nur einen Rückenflosse und der symmetrisch gegabelten Schwanzflosse.*

Die Sardelle (links) wird höchstens 15 cm lang, sie schmeckt nicht nur eingelegt, sondern auch gebraten und frittiert. Sardinen können über 20 cm lang werden, werden aber bereits ab einer Größe von 15 cm als Pilchard bezeichnet. Sie eignen sich gut zum Braten und Grillen.

1. Für das Pesto rösten Sie die Pinienkerne ohne Fett in einer Pfanne goldgelb und lassen sie anschließend auf einem Teller abkühlen. Rucola waschen, verlesen und trocken schütteln. Grobe Stiele abschneiden. Die Hälfte der Blätter klein schneiden, mit 2 EL Pinienkernen, dem Parmesan und 100 ml Olivenöl im Mixer zu einer Paste pürieren. Schmecken Sie das Pesto mit Meersalz und Pfeffer ab.

2. Den Balsamicoessig mit dem Zucker in einer Kasserolle bei schwacher Hitze dickflüssig einkochen und auskühlen lassen. Mischen Sie dann das restliche Olivenöl unter, und geben Sie die übrigen Pinienkerne dazu.

3. Den Backofen auf 160°C vorheizen. Die Tomaten waschen, in 1 cm dicke Scheiben schneiden, auf einem Backblech ausbreiten und mit Salz, Pfeffer sowie 1 Prise Zucker würzen. Schalten Sie den Backofen auf 100°C herunter, und stellen Sie die Tomaten kurz in den Ofen (Mitte), bis sie warm sind.

Für bestes Tomatenaroma

Einen Tomatensalat sollte man immer leicht erwärmt servieren, da das Aroma einer guten Tomate dann noch besser zur Geltung kommt.

4. Die Sardinenfilets kalt abwaschen, eventuell entgräten (siehe Seite 59). Die Filets trocken tupfen, dann im Mehl wälzen, überschüssiges Mehl gut abklopfen. Braten Sie die Fische in 1 EL Olivenöl auf der Hautseite 1 Minute an, wenden Sie sie, und nehmen Sie sie sofort wieder aus der Pfanne.

5. Die Tomaten auf den Tellern verteilen und mit Rucolapesto bestreichen. Die Sardinenfilets daraufgeben und mit Balsamico-Olivenöl-Mischung beträufeln. Servieren Sie dazu am besten Brot.

Gebratene Rotbarbenfilets an Pesto-Kartoffelsalat

ZUBEREITUNG 1 Std.

FÜR DEN PESTO-KARTOFFEL-
SALAT
- · 400 g festkochende
  Kartoffeln, Salz
- · 15 g Pinienkerne
- · 10 g Parmesan, 1 Knoblauchzehe
- · 20 g Basilikumblätter
- · 10 g Petersilienblätter
- · 40–50 ml Olivenöl und etwas
  Olivenöl zum Frittieren
- · frisch gemahlener Pfeffer
- · 50 ml weißer Aceto balsamico

FÜR DIE ROTBARBEN
- · 4 Rotbarben (je etwa 300 g)
- · Salz, frisch gemahlener Pfeffer
- · 4 EL Mehl
- · 3 Knoblauchzehen
- · 4 EL Olivenöl
- · 4 Thymianzweige

*Glatte Petersilie enthält
viel Blattgrün und färbt
grünes Pesto dadurch noch intensiver.*

S. 14
KOCHKURS Rundfisch filetieren

1. Kochen Sie die Kartoffeln in der Schale in Salzwasser in etwa 25 Minuten gar. Inzwischen die Pinienkerne in einer Pfanne ohne Fett goldbraun rösten und den Parmesan fein reiben. Die Knoblauchzehe schälen.

2. Die Rotbarben schuppen, filetieren (siehe Seite 12 sowie 14/15; Haut daran belassen) und die Filets entgräten. Waschen Sie die Fischfilets unter kaltem Wasser ab, und tupfen Sie sie trocken.

3. Für das Pesto Basilikumblätter (bis auf vier für die Dekoration) und Petersilienblätter, Pinienkerne, Olivenöl, Knoblauch und Parmesan in der Küchenmaschine mixen, mit Salz und Pfeffer abschmecken.

4. Die Basilikumblätter für die Dekoration frittieren Sie kurz in heißem Öl in einer kleinen Pfanne und legen Sie dann auf Küchenpapier. Noch heiß mit 1 Prise Salz würzen.

5. Die Kartoffeln auskühlen lassen, schälen und in Würfel schneiden. Das Pesto und den Balsamicoessig zu den Kartoffeln geben und alles vorsichtig verrühren. Schmecken Sie den Kartoffelsalat ab, und lassen Sie ihn 5 Minuten ziehen.

6. Die Rotbarbenfilets leicht salzen und pfeffern und in Mehl wenden. Knoblauchzehen schälen und leicht andrücken. Erhitzen Sie in einer Pfanne das Olivenöl, geben Sie die Knoblauchzehen und die Thymianzweige hinein, und rösten Sie beides kurz. Die Rotbarbenfilets mit der Hautseite nach unten in das heiße Öl legen und etwa 2 Minuten braten. Wenden und weitere 30 Sekunden braten lassen. Mit dem Pesto-Kartoffelsalat anrichten und mit dem frtittierten Basilikum garniert servieren.

ANRICHTEIDEE Den Kartoffelsalat in die Tellermitte geben. Rotbarbenfilets mit der Hautseite noch oben darauflegen. Jeweils ein frittiertes Basilikumblatt als Dekoration darauf platzieren. Balsamicocreme außen herum träufeln und ein paar Pinienkerne auf den Teller streuen.

Einkaufsführer Seafood

Achten Sie beim Kauf von frischem Fisch oder Tiefkühlprodukten auf das blaue Logo des MSC oder den Hinweis auf ökologisch geführte Aquakultur.

ETWA 14 KILO FISCH werden in Deutschland pro Kopf und Jahr verzehrt. Nur knapp die Hälfte davon ist Frischfisch, die andere Hälfte besteht aus Fischkonserven und aus Tiefkühlware. Seafood ist mit seinen wertvollen Inhaltsstoffen wichtiger Bestandteil unserer Ernährung, weshalb der Konsum kontinuierlich wächst. Doch die Bestände der Meere schrumpfen aufgrund von Überfischung und ökologisch bedenklicher Fangmethoden, welche den Meeresboden zunehmend schädigen.

UMWELTVERANTWORTLICH MEERES-WILDFISCH EINKAUFEN

Der World Wide Fund for Nature (WWF) gibt Hinweise auf ökologisch unbedenklichen Seefisch. Gemeinsam mit Unilever, dem größten Seafood-Käufer, hat die internationale Umweltorganisation die Gründung des MSC (Marine Stewardship Council) initiiert. Heute ist der MSC eine unabhängige, gemeinnützige und nichtstaatliche Organisation. Das MSC-Label für Fisch und Meeresfrüchte und daraus hergestellte Produkte bürgt für umweltverträgliche Meeresfischerei und soll die Zukunft der Fischbestände sowie den Erhalt des Meeres-Ökosystems langfristig sichern. Weltweit können sich Fischereien, die nach den Kriterien des MSC arbeiten, zertifizieren lassen.

ÖKOLOGISCHEN ZUCHTFISCH WÄHLEN

Seafood kommt heute häufig aus Zuchtanlagen, den aus verschiedenen Gründen nicht unumstrittenen Aquakulturen: Da Zuchtfische krankheitsanfälliger sind als Wildfisch, werden immer wieder umwelt- und gesundheitsschädliche Medikamente eingesetzt. Um 1 Kilogramm Zuchtfisch zu ernähren, müssen 4 bis 5 Kilogramm Meeresfisch gefangen werden. Für die Anlage von Garnelenfarmen in Asien oder Südamerika gehen Wälder verloren. Kaufen Sie daher am besten nur Produkte aus anerkannt ökologischer Aquakultur, die auch als solche gekennzeichnet sind.

Fragen Sie Ihren Fischhändler nach Produktionsmethode, Handelsbezeichnung und Fanggebiet der angebotenen Seafood-Produkte.

FISCH-EMPFEHLUNGEN

(1)

(2)

(3)

(4)

ÖKOLOGISCH EINWANDFREIER FISCH
aus Süß- und Salzwasser

(1) **Karpfen** sind anspruchslose Süßwasserfische, die sich vorwiegend vegetarisch ernähren und auch aus konventionellen Zuchtbetrieben zu empfehlen sind.

(2) **Makrelen** leben in großen Beständen im Altantik und Mittelmeer. Sie schwimmen in der oberen Wasserschicht, sodass kaum Beifang anfällt.

(3) **Heringe** aus Nordsee und Nordatlantik haben einen stabilen Bestand und werden mit wenig Beifang gefischt.

(4) Bei **Regenbogenforelle, Bachforelle und Lachs** sind Zuchtfische eine Alternative, wenn sie aus Bio-Aquakulturen und damit aus medikamentenfreier Haltung stammen.

(5) **Goldbrassen (Doraden)** kommen in ausreichender Menge im Mittelmeer und Ostatlantik vor. Vorsicht bei Fischen aus konventioneller Aquakultur, sie sind oft schadstoffbelastet.

(6) Der **Wolfsbarsch bzw. Loup de Mer** ist ein beliebter Speisefisch aus Mittelmeer und Atlantik, der aus Bio-Aquakultur kommen sollte, da er sonst mit Medikamenten behandelt sein kann.

(5)

(6)

Makrelenfilet mit Tomatenkruste

ZUBEREITUNG 20 Min.

ZUTATEN
- · 4 Makrelen
- · Salz, frisch gemahlener Pfeffer
- · 8 EL passierte Tomaten
- · 4 EL Semmelbrösel
- · 1 EL gehackte Petersilie
- · 3 Knoblauchzehen
- · 3 EL Olivenöl

1. Den Backofen auf 220°C vorheizen. Die Makrelen filetieren (siehe Seite 14/15) – die Haut dabei nicht entfernen. Waschen Sie die Fischfilets kalt ab, tupfen Sie sie trocken, dann salzen und pfeffern Sie sie.

2. Für die Tomatenkruste passierte Tomaten, Semmelbrösel und Petersilie vermischen. Den Knoblauch schälen, in feine Würfel schneiden und unterrühren.

3. Erhitzen Sie das Öl in einer Pfanne, und braten Sie die Makrelenfilets darin auf der Fleischseite 1 bis 2 Minuten an. Die Filets dann wenden und auf der Hautseite nochmals etwa 1 bis 2 Minuten braten; anschließend auf ein mit Backpapier belegtes Backblech legen.

4. Die Makrelenfilets dünn mit der Tomatenmischung bestreichen und im Ofen (Mitte) 5 Minuten überbacken.

S. 14
KOCHKURS Rundfisch filetieren

ANRICHTEIDEE Schmeckt sehr gut auf Blattspinat mit gerösteten Pinienkernen. Dazu passen knusprig gebratene rohe Kartoffelwürfel, mit Salz und Paprikapulver gewürzt, oder Röstbrot.

Gepierctes Petersfischfilet mit gefüllten Tomaten

1. Petersfischfilets kalt abwaschen und trocken tupfen. Die Filets salzen und pfeffern. Fädeln Sie dann einen Rosmarinzweig so durch jedes Filet, dass er entlang der Hautseite zu sehen ist (siehe Bild und Kniff).

2. Die Tomaten waschen und oben jeweils einen Deckel abschneiden. Höhlen Sie die Früchte mit einem Teelöffel aus, und stellen Sie das Fruchtfleisch beiseite. Die Schalotten schälen, den Zucchino waschen und putzen, die Champignons mit einem Tuch abreiben. Schalotten, Zucchino und Champignons in kleine Würfel schneiden. Die Milch erhitzen und das Brötchen darin einweichen.

3. Den Backofen auf 160°C vorheizen. 2 EL Olivenöl in einer Pfanne erhitzen und die Zwiebeln darin andünsten. Geben Sie Zucchini und Champignons dazu, und dünsten Sie sie 2 bis 3 Minuten mit. Den Pfanneninhalt in eine Schüssel umfüllen, etwas abkühlen lassen. Das Brötchen ausdrücken, zerpflücken und mit dem Ei unter das Gemüse mischen. Den Knoblauch schälen und dazupressen. Schmecken Sie die Masse mit Salz und Pfeffer ab, und füllen Sie sie in die Tomaten. Diese in eine gefettete Auflaufform setzen und im Ofen (Mitte) 30 Minuten garen.

Fischfilet »piercen«

An den Enden der Filets jeweils ein Loch durchstechen (z. B. mit einer Spicknadel) und den Rosmarinzweig durch die Löcher fädeln.

4. 5 Minuten vor Ende der Garzeit für die Tomaten erhitzen Sie in einer Pfanne das übrige Öl und braten die Fischfilets auf der Hautseite darin in etwa 5 Minuten bei mittlerer Hitze goldbraun an. Dann die Filets wenden und in etwa 3 Minuten auf der Fleischseite fertig braten. Die Fischfilets aus der Pfanne nehmen und warm stellen.

5. Den Bratsatz mit dem Fruchtfleisch der Tomaten ablöschen, in den Mixer geben und aufmixen. Die Sauce mit Zucker, Salz und Pfeffer abschmecken und mit der kalten Butter in Flöckchen leicht binden.

6. Richten Sie die Rosmarin-Petersfischfilets mit der Sauce und den gefüllten Tomaten an.

ZUBEREITUNG 1 Std. 10 Min.

ZUTATEN
· 2 Petersfischfilets mit Haut (etwa 300 g)
· Salz, frisch gemahlener Pfeffer
· 4 Rosmarinzweige (etwas länger als die Fischfilets)
· 4 Tomaten (etwa 600 g)
· 2 Schalotten
· 1 Zucchino (100–120 g)
· 100 g Champignons
· 150–200 ml Milch
· 1 Brötchen vom Vortag
· 5 EL Olivenöl
· 1 Ei, 1 große Knoblauchzehe
· Zucker, Salz, frisch gemahlener Pfeffer
· 30 g kalte Butter

Im Kokossud pochiertes Petersfischfilet mit Reiscannelloni

ZUBEREITUNG 30 Min
+ REIS GAREN 35 Min.

FÜR DIE REISCANNELLONI
· 80 g Basmatireis
· 12 Blätter Reispapier
· 60 g Erdnüsse, 8 Shiitakepilze
· 3 EL Erdnussöl
· 1 EL Korianderblättchen
· 1 TL Fischsauce, 1 EL Austernsauce

FÜR DEN FISCH
· 600 g Petersfischfilet
· 10 g frische Ingwerwurzel

· 1 Knoblauchzehe
· 250 ml Kokosmilch
· 100 ml Fischfond (siehe Seite 23;
  oder aus dem Glas)
· 2 frische Kaffirlimettenblätter
· 1 TL Sesamöl, 2 TL Asia-Fischsauce
· Saft von 1 Limette

AUSSERDEM
· Koriandergrün und Chili-Julienne
  für die Garnitur
· Dampfgarer oder Dampfkörbchen

1. Den Basmatireis mit 200 ml Wasser bedecken und 15 Minuten vorquellen lassen. Dann auf der Kochstelle bei schwacher Hitze 15 bis 20 Minuten zugedeckt quellen lassen, bis er sehr weich ist. Schütten Sie den Reis auf ein Sieb, und lassen Sie ihn auskühlen. Anschließend den Reis mit einem Stößel zu Püree zerdrücken oder durch das Sieb pressen.

2. Die Reisblätter zwischen zwei feuchte Tücher legen, damit sie einweichen und formbar sind. Hacken Sie die Erdnüsse klein, putzen Sie die Shiitakepilze, und schneiden Sie sie klein. Die Erdnüsse in 1 EL Erdnussöl rösten. Auf Küchenpapier zum Abtropfen geben. Anschließend rösten Sie die Shiitakepilze im übrigen heißen Erdnussöl und geben sie ebenfalls auf Küchenpapier.

3. Das Basmatipüree mit Fischsauce und Austernsauce abschmecken. Koriander klein schneiden und mit Erdnüssen und Shiitakepilzen dazugeben. Verrühren Sie alles, und schmecken Sie die Masse ab. Sie dann auf die Reisblätter geben und diese zu »Cannelloni« rollen.

4. Schneiden Sie das Petersfischfilet in acht gleichmäßig große Stücke. Ingwer und Knoblauch schälen und klein würfeln. Die Kokosmilch mit dem Fischfond, Ingwer, Knoblauch, Kaffirlimettenblättern, Sesamöl, Asia-Fischsauce und Limettensaft aufkochen.

5. Legen Sie das Fischfilet in den Sud, decken Sie den Topf zu, und lassen Sie den Fisch bei sehr schwacher Hitze etwa 5 Minuten ziehen. Der Sud darf nicht mehr kochen. Beste Temperatur ist etwa 80 °C.

6. Inzwischen dämpfen Sie die Reiscannelloni etwa 4 Minuten (siehe Kniff). Den Fisch aus dem Sud nehmen und mit Koriander und Chilifäden garnieren, mit den Cannelloni servieren.

Einfach im Topf dämpfen

Wer keinen Dampfgarer besitzt, kann asiatische Holz-Siebeinsätze nehmen, um die Cannelloni zu dämpfen. Mit ihnen kann man in einem gewöhnlichen Topf dämpfen.

Gebratener Rochenflügel mit Pimientos de Padrón

ZUBEREITUNG 50 Min.

ZUTATEN
· 500 g mehligkochende Kartoffeln, Salz
· 1 Schalotte, 1 Knoblauchzehe
· Olivenöl zum Braten
· 2 EL Tomatenmark
· 1 kleine Dose geschälte Tomaten (400 g)
· 50 g schwarze Oliven
· 100 g Serranoschinken, dünn aufgeschnitten
· 1 EL gehackter Salbei
· 2 EL Nussbutter (siehe Kasten Seite 167)
· 2 Eigelbe
· etwa 100 g Mehl und Mehl zum Ausrollen sowie zum Wenden
· Salz (aus der Mühle), frisch gemahlener Pfeffer, Zucker
· 4 Stücke Rochenflügel (je 150–200 g)
· 2 EL Butter
· 250 g frische Pimientos de Padrón (siehe Kasten; ersatzweise grüne Paprikaschotenstücke)

Pimientos de Padrón *sind kleine grüne Paprikaschoten, die aus der Gegend um die galizische Stadt Padrón (Spanien) stammen. Die Schoten schmecken – bis auf einzelne scharfe Exemplare – mild. Sie werden traditionell braun gebraten und mit Meersalz bestreut als Vorspeise serviert.*

1. Die Kartoffeln schälen und in gesalzenem Wasser in etwa 20 Minuten weich kochen. Inzwischen Schalotte und Knoblauch schälen und fein würfeln. Dünsten Sie beides in 2 EL Olivenöl an. Das Tomatenmark zugeben und kurz mitbraten. Den Saft der Tomaten aus der Dose angießen, offen 2 Minuten kochen und eindicken lassen. Schneiden Sie die Tomaten in grobe Stücke, die Oliven vom Stein schneiden und hacken. Beides hinzufügen und das Ganze weitere 10 Minuten zugedeckt auf kleiner Stufe köcheln lassen.

Ein besonderer Fisch

Vom Rochen werden nur die Flügel genannten stark vergrößerten Brustflossen verwendet. Achten Sie bei diesem Fisch ganz besonders auf Frische: Nicht mehr ganz frischer Rochen riecht nach Ammoniak, er ist ungenießbar.

2. Lassen Sie die Kartoffeln gut ausdampfen, während Sie den Schinken sehr fein würfeln. Kartoffeln durch die Presse drücken, Schinken, Salbei, braune Butter und Eigelbe zugeben. Arbeiten Sie nach und nach das Mehl ein, bis der Teig nicht mehr klebt.

3. Rollen Sie den Kartoffelteig sofort zu 3 cm dicken Würsten, und schneiden Sie quer 3 cm große Stücke ab. Diese Gnocchi in sprudelndem Salzwasser 3 Minuten kochen, bis sie aufsteigen, herausnehmen und kalt abschrecken.

4. Den eingedickten Tomatensugo mit Salz, Pfeffer und Zucker abschmecken. Die Rochenflügelstücke kalt abwaschen, trocken tupfen, salzen. Erhitzen Sie in zwei beschichteten Pfannen je 3 EL Olivenöl, wenden Sie die Rochenflügel in etwas Mehl, und braten Sie sie von beiden Seiten in je 2 Minuten goldbraun an. Im Ofen warm halten. Die Pfannen mit Küchenpapier auswischen. Die Butter in der einen Pfanne erhitzen und die Gnocchi darin hellbraun anbraten. 2 EL Olivenöl in der zweiten Pfanne erhitzen und die Pimientos de Padrón kurz darin anbraten, herausnehmen und mit grob gemahlenem Salz aus der Mühle würzen. Mit dem Tomatensugo zu den Rochenflügelstücken und den Gnocchi servieren.

Red-Snapper-Filet unter der Mandel-Limetten-Kruste

ZUBEREITUNG 45 Min.

FÜR DAS FENCHELCARPACCIO
· 2 Fenchelknollen (450 g)
· 2 EL Olivenöl
· Salz, Zucker

FÜR DAS ZUCCHINI-TOMATEN-GEMÜSE
· 2 Zucchini (etwa 300 g)
· 200 g Kirschtomaten
· 4 Thymianzweige
· 3 EL Olivenöl
· Salz, frisch gemahlener schwarzer Pfeffer
· Zucker

FÜR DEN FISCH
· 100 g gehobelte Mandeln
· 2 Bio-Limetten
· 80 g weiche Butter
· Salz, frisch gemahlener weißer Pfeffer
· 900 g Red Snapper (2 Stück von je 450 g), filetiert, mit Haut
· 4 EL Olivenöl
· 3 EL Mehl

1. Für das Carpaccio waschen Sie den Fenchel, putzen ihn und schneiden ihn dann längs in sehr dünne Scheiben. Für das Gemüse die Zucchini waschen, putzen und in etwa ½ cm dicke Stücke

(1)

FISCHFILET UNTER DER KRUSTE
die Masse zubereiten und aufbringen

(1) Schlagen Sie die weiche Butter mit den Rührbesen der Küchenmaschine schaumig. Mandeln, Salz, Pfeffer, Limettenschale und die Hälfte des Limettensafts unter die Butter heben. Die Mischung kühl stellen.

(2) Die Fischfilets beidseitig in Mehl wenden, überschüssiges Mehl abklopfen. Die Filets vor dem Aufbringen der Kruste etwa 1 Minute auf der Hautseite und 20 Sekunden auf der anderen Seite braten.

(3) Verteilen Sie die Mandel-Limetten-Masse auf der Hautseite der angebratenen Red-Snapper-Filets, und drücken Sie sie leicht an.

(2)

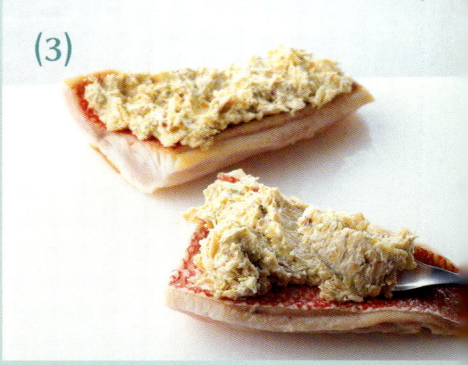
(3)

schneiden (Scheiben, nach Belieben halbiert oder geviertelt). Die Kirschtomaten waschen und quer halbieren. Thymian waschen, trocken schütteln, die Blättchen abzupfen und klein schneiden.

2. Für den Fisch rösten Sie die Mandeln in einer großen Pfanne ohne Fett unter gelegentlichem Wenden hellbraun. Die Mandeln dann auf einem Teller 10 Minuten abkühlen lassen, anschließend in der Küchenmaschine nicht allzu fein mixen.

3. Die Limetten heiß waschen, abtrocknen und die Schale abreiben. Den Saft auspressen. Die Kruste für den Fisch vorbereiten wie links unten gezeigt und beschrieben (Bild 1).

4. Von den Red-Snapper-Filets mit einer Pinzette gegebenenfalls noch verbliebene Gräten ziehen. Waschen Sie die Filets kalt ab, und tupfen Sie sie mit einem Küchentuch trocken. 4 EL Olivenöl in eine heiße Pfanne geben. Die Fischfilets mehlieren und anbraten wie beschrieben (Bild 2).

5. Für das Gemüse braten Sie die Zucchini im Öl etwa 10 Minuten an, bis sie Farbe genommen haben. Thymian und Kirschtomaten dazugeben. Mit Salz, Pfeffer und Zucker abschmecken. Zugedeckt 2 Minuten schmoren lassen.

6. Inzwischen den Backofengrill auf mittlerer Stufe vorheizen. Die Mandel-Limetten-Masse auf den Fisch geben (Bild 3) und die Filets unter dem Grill in etwa 5 Minuten fertig garen.

7. Für das Carpaccio den Fenchel im Olivenöl kurz anbraten und mit Salz und Zucker würzen. Aus der Pfanne nehmen und mit dem beiseitegestellten Limettensaft beträufeln. Verteilen Sie das Carpaccio breit auf den Tellern. Den Fisch und das Tomaten-Zucchini-Ragout darauf anrichten.

Dorade aus dem Salzteig mit Rosmaringemüse

ZUBEREITUNG 1 Std. 15 Min.

FÜR DIE DORADE
· 1 große Dorade royale/Gold-
  brasse (mind. 1,5 kg), küchenfertig, ungeschuppt
· ½ Knolle frischer Knoblauch
· 1 Rosmarinzweig
· 3 kg grobes Meersalz
· 6 Eiweiße

FÜR DAS KNOBLAUCHPÜREE
· 600 g mehligkochende
  Kartoffeln, Salz
· ½ Knolle frischer Knoblauch
· 100 ml Milch, 100 g Sahne
· 50 g Butter

· frisch gemahlener Pfeffer
· frisch geriebene Muskatnuss

FÜR DAS ROSMARINGEMÜSE
· 2 kleine Möhren (150 g)
· 1 Stück Brokkoli (150 g)
· je 1 gelbe und rote Paprikaschote
· 1 kleiner Zucchino
· 6 Minimaiskolben
· 1 Rosmarinzweig
· 4 EL Olivenöl
· 50 ml Gemüsebrühe
· Salz, frisch gemahlener Pfeffer

ZUM SERVIEREN
· 2 EL Olivenöl extra vergine
· 2 EL Zitronensaft

S. 18
KOCHKURS Fisch in Hülle

1. Den Backofen auf 160°C vorheizen. Die Dorade kalt abwaschen, außen und innen trocken tupfen. Zerdrücken Sie den Knoblauch und füllen Sie ihn zusammen mit dem Rosmarinzweig in die Dorade.

2. Das Meersalz mit dem Eiweiß und 2 EL Wasser mischen, ein Drittel davon auf ein Backblech geben. Die Dorade darauflegen und mit dem restlichen Salz vollständig und gleichmäßig bedecken. Geben Sie den Fisch für 50 Minuten in den Backofen (Mitte).

3. Die Kartoffeln schälen, klein schneiden und in Salzwasser kochen. Schälen Sie auch den Knoblauch, und kochen Sie ihn in der Milch weich. Inzwischen für das Rosmaringemüse das Gemüse putzen und in etwa 4 cm große Stücke schneiden. Vom Rosmarinzweig die Nadeln abzupfen und hacken.

4. Braten Sie die Möhren im Olivenöl ein paar Minuten an, dann braten Sie Brokkoli und Minimais mit. Zuletzt Paprika und Zucchini zugeben und anbraten. Die Gemüsebrühe angießen und das Gemüse bei schwacher Hitze 5 Minuten dünsten.

5. Inzwischen die Milch vom Knoblauch abgießen, den Knoblauch zerdrücken. Gießen Sie die Kartoffeln ab, zerdrücken Sie sie mit dem Kartoffelstampfer, und geben Sie den Knoblauch dazu. Aus Kartoffeln, Sahne und Butter ein Püree bereiten. Mit Salz, Pfeffer und Muskat würzen. Wenn das Gemüse gar ist, den Rosmarin darübergeben. Schmecken Sie das Gemüse anschließend mit Salz und Pfeffer ab.

6. Schneiden Sie den Teig um die fertige Dorade herum mit einem Sägemesser so an, dass Sie einen möglichst großen Deckel abheben können. Die Haut vom Fisch lösen und die Filets vorsichtig heraustrennen. Zusammen mit dem Gemüse und dem Püree anrichten. Mischen Sie das übrige Olivenöl mit dem Zitronensaft, und träufeln Sie es über den Fisch.

Wolfsbarsch mit Frischkäsefüllung im Speckmantel

ZUBEREITUNG 25 Minuten

ZUTATEN
- · 1 Wolfsbarsch (1,6–1,8 kg), filetiert, mit Haut
- · 1 Bund Rucola
- · 100 g fester Frischkäse (z.B. Robiola oder formfester Ricotta), in 16 Portionen
- · 16 Scheiben roher Schinken (nicht bzw. nicht zu stark geräuchert; z.B. Südtiroler Speck)
- · ggf. Olivenöl zum Braten

1. Die Wolfsbarschfilets kalt abwaschen und mit Küchenpapier trocken tupfen. Schneiden Sie die Filets in je 16 gleich große, längliche Stücke. Die Rucola waschen, grobe Stiele entfernen und die Blätter trocken tupfen.

2. Je zwei Filetstücke mit der Hautseite nach außen mit einem Stück Frischkäse und einigen Rucolablättern füllen. Umwickeln Sie dann jedes Päckchen mit einer Schinkenscheibe.

3. Garen Sie die Fischpäckchen wenn möglich auf dem Holzkohlengrill, anderenfalls arbeiten Sie mit einer Grillpfanne auf der Kochstelle: Die Pfanne mit Öl ausstreichen, die Päckchen darin von beiden Seiten anbraten, dann bei schwacher Hitze weiterbraten, bis der Frischkäse zu schmelzen beginnt und der Fisch im Kern glasig ist. Das dauert 8 bis 10 Minuten.

ANRICHTEIDEE Dazu passen hervorragend Kartoffelgnocchi mit einer Miesmuschel-Sahnesauce. Ohne weitere Beigaben können Sie die Fischpäckchen auch als Vorspeise servieren.

Gebratene Pfefferdorade mit Tomaten-Koriander-Sauce

1. Für die Sauce waschen Sie die Tomaten und schneiden sie in Würfel. Die Chilischoten waschen, längs halbieren, die Samen entfernen und die Schoten klein schneiden. Knoblauchzehen und die Zwiebeln schälen und grob würfeln.

2. Erhitzen Sie das Olivenöl in einer Pfanne. Kreuzkümmel und Anis darin anrösten. Mandeln, Zwiebeln, Knoblauch und Chilis etwa 5 Minuten mitbraten. Geben Sie die Tomaten zu, und lassen Sie sie bei mittlerer Hitze in der geschlossenen Pfanne etwa 30 Minuten schmoren.

Limettenöl selbst gemacht

Ziehen Sie die Schale einer Bio-Limette hauchdünn ab, und schneiden Sie sie in feine Streifen. 125 ml Olivenöl mit den Schalenstreifen 8 bis 10 Tage an einem kühlen, dunklen Ort ziehen lassen. Das Öl durch ein Sieb gießen, kühl und dunkel aufbewahren.

3. Inzwischen die Doraden außen und innen kalt abwaschen, trocken tupfen und die Haut mit einem scharfen Messer auf jeder Seite mehrfach einritzen. Reiben Sie die Fische beidseitig mit Meersalz und sehr grob gemahlenem Pfeffer ein. Dann mit der Handfläche von der Schwanzflosse in Richtung Kopf streichen, so können die Gewürze in die kleinen Schnitte eindringen. Die Doraden in Mehl wenden und in Limettenöl in einer Pfanne bei mittlerer Temperatur auf beiden Seiten knusprig braten.

4. Das Koriandergrün für die Sauce waschen und trocken schütteln. Schneiden Sie die Blättchen fein. Die Tomaten-Koriander-Sauce mit dem Stabmixer pürieren und mit Salz, Zucker und dem Koriandergrün abschmecken. Die Dorade mit der Sauce servieren. Eventuell übrige Sauce schmeckt auch fein als kalter Dip zu Weißbrot als Vorspeise.

ANRICHTEIDEE Dazu Zitrusreis servieren: 1 Zwiebel würfeln und in 2 EL Limettenöl glasig dünsten. Langkornreis darin glasig dünsten, die doppelte Menge Wasser angießen und den Reis zugedeckt garen.

FÜR 2 PORTIONEN
ZUBEREITUNG 45–60 Min.

FÜR DIE TOMATEN-KORIANDER-SAUCE
· 500 g Tomaten, 2 kleine rote Chilischoten
· 3 Knoblauchzehen, 150 g Zwiebeln, 2 EL Olivenöl
· je 1 TL Kreuzkümmel- und Anissamen
· 80 g geschälte Mandeln
· 1 kleines Bund Koriandergrün, Salz, Zucker

FÜR DEN FISCH
· 2 kleine küchenfertige Doraden, Meersalz
· frisch gemahlener Pfeffer, Mehl zum Wenden
· 4 EL Limettenöl (siehe Kniff)

Wolfsbarsch in aromatischer Brothülle gebraten

ZUBEREITUNG 1 Std.

ZUTATEN
· 1 Wolfsbarsch (1,6–1,8 kg; oder 2 Wolfsbarschfilets von je 300–350 g)
· 1 Knoblauchzehe
· 1 haselnussgroßes Stück frische Ingwerwurzel
· 200 g Weißbrot ohne Rinde
· abgeriebene Schale von ½ Bio-Zitrone und ¼ Bio-Orange
· 10 schwarze Oliven ohne Kern
· 3 getrocknete, in Öl eingelegte Tomatenviertel
· je 1 Zweig Zitronenmelisse, Basilikum, Petersilie, Estragon und Zitronenthymian, 4 Salbeiblätter
· 2 Kaffirlimettenblätter (aus dem Asia-Laden)
· 60 g Nussbutter (siehe Kasten), 2 Eier
· Salz, frisch gemahlener Pfeffer
· 1 Schweinenetz (siehe Kasten Seite 129)
· 3 EL Öl zum Anbraten

Nussbutter (Grundrezept)

BUTTER in einer Pfanne bei mittlerer bis starker Hitze braun werden lassen, dabei gelegentlich umrühren, damit es nicht spritzt. Die braune Butter anschließend unbedingt durch einen Papierfilter gießen, sodass auch die kleinsten dunklen, d.h. verbrannten und bitter schmeckenden, Partikelchen entfernt werden. Dazu am besten ein feines rundes Sieb mit Küchenpapier auslegen und die Butter durchgießen. Die Butter schmeckt dann nussig und süß, daher auch ihr Name.

VERWENDET WIRD NUSSBUTTER unter anderem für Pfannkuchenteige (sie aromatisiert diese und macht sie geschmeidig) und andere Teige. Sie eignet sich auch zum Beträufeln von Gemüse- und Kartoffelgerichten sowie von natur gebratenem Fleisch und Fisch.

1. Den Wolfsbarsch filetieren, von Haut und Gräten befreien (siehe Seite 14/15). Die Filets kalt abwaschen und mit Küchenpapier trocken tupfen. Die Knoblauchzehe schälen, halbieren und eine Hälfte pressen. Schälen Sie den Ingwer, und reiben Sie ihn fein. Die beiden Wolfsbarschfilets mit der halben (unzerkleinerten) Knoblauchzehe und etwas Ingwer einreiben und aufeinanderlegen.

2. Das Weißbrot fein reiben. Hacken Sie Oliven und Tomaten fein. Die Kräuter waschen, trocken tupfen und die Blättchen sehr fein schneiden. Die Nussbutter schmelzen und leicht abkühlen lassen. Bereiten Sie aus Weißbrotbröseln, Zitronen- und Orangenabrieb, Oliven, Tomaten, Kräutern, geriebenem Knoblauch, Butter und den Eiern mit den Knethaken der Küchenmaschine eine Paste. Diese mit Salz und Pfeffer abschmecken.

3. Den Backofen auf 180°C vorheizen. Ein Stück Frischhaltefolie von etwa 40 cm Länge auf der Arbeitsfläche ausbreiten, darauf das Schweinenetz glatt auslegen und auf die Größe der Frischhaltefolie zuschneiden. Verteilen Sie mit einem Spachtel die Paste auf dem Schweinenetz, und wickeln Sie die beiden aufeinandergelegten Wolfsbarschfilets darin mithilfe der Folie ein. Die Folie dann abziehen.

4. Das Öl in einer beschichteten Pfanne erhitzen und das Wolfsbarschpäckchen darin rundherum goldbraun anbraten. Für etwa 10 bis 12 Minuten im Ofen (Mitte) backen, dann herausnehmen und 4 Minuten ruhen lassen. Schneiden Sie die Päckchen nun vorsichtig in 3 cm breite Scheiben. Diese sofort servieren. Dazu passt eine Sauce Béarnaise und Wildreis.

Pochierter Meeraal mit Thaicurry und Papayasalat

ZUBEREITUNG 1 Std.

FÜR DEN FISCH
- · 4 Schlangenbohnen (Asia- bzw. Gemüsefachgeschäft)
- · 800 g küchenfertiger Meer- aal (gehäutet und entgrätet) an einem Stück
- · Holzspießchen zum Fixieren

FÜR DAS THAICURRY
- · 8 getrocknete Shiitakepilze
- · 1 Zwiebel, 125 g Möhre
- · 140 g Salatgurke
- · 2 mittelgroße Tomaten
- · 1 Stängel Zitronengras
- · 2 EL hoch erhitzbares neutrales Pflanzenöl
- · 200 ml Gemüsebrühe
- · 200 ml Fischfond (siehe Seite 23; oder aus dem Glas)
- · 100 ml passierte Tomaten
- · 2 TL gelbe Currypaste
- · 180 g Basmatireis
- · 1 Bund Koriandergrün
- · Salz

FÜR DEN SALAT
- · 1 große grüne, nicht zu reife Papaya
- · 50 g frischer Meerrettich
- · 1 kleine rote Zwiebel
- · ½ rote Paprikaschote
- · 3 Zweige Koriandergrün
- · 3 Minzezweige
- · 1 Limette
- · 50 ml Fischfond
- · ½–1 TL geriebene frische Ingwerwurzel
- · 1 TL brauner Zucker

1. Für das Thaicurry die Shiitakepilze 30 Minuten in Wasser einweichen. Für den Salat Papaya, Meerrettich und Zwiebel schälen. Halbieren Sie die Papayas, und entkernen Sie sie. Papaya, Zwiebel und Paprika in dünne Streifen schneiden, Meerrettich fein reiben. Koriander und Minze waschen, trocken tupfen und die Blätter hacken. Pressen Sie die Limette aus, verrühren Sie den Saft mit Fischfond, Ingwer und Zucker. Papaya-, Zwiebel- und Paprikastreifen untermischen, abgedeckt beiseitestellen.

2. Die Schlangenbohnen blanchieren. Den Fisch rundum pfeffern und salzen und von der Längsseite her eng aufrollen. Schneiden Sie die Rolle in vier gleichmäßige Rouladen, und umwickeln Sie diese spiralförmig mit den blanchierten Bohnen. Die Enden mit jeweils einem Holzspießchen fixieren.

3. Für das Thaicurry die Shiitakepilze putzen und achteln. Schälen Sie die Zwiebel, und schneiden Sie sie in Streifen. Die Möhre waschen, putzen und in 1 bis 2 mm dicke Scheiben schneiden, Gurke schälen, längs vierteln, die Kerne entfernen und die Gurke längs in Streifen schneiden. Die Tomaten überbrühen, häuten, Kerne entfernen und das Fruchtfleisch würfeln. Das äußere Blatt vom Zitronengras entfernen. Klopfen Sie dann den faserigen Stängel mit einem Fleischklopfer weich.

4. Das Öl in einem Wok erhitzen, zunächst die Zwiebeln etwa ½ Minute dünsten, dann die Möhren 1 Minute mitdünsten, die Pilze zugeben und ½ Minute später die Gurke zufügen. Nach ½ Minute nehmen Sie das Ganze aus dem Wok und stellen es zur Seite. Gemüsebrühe und Fischfond in den Wok geben und aufkochen. Zitronengras zufügen und etwa 3 Minuten köcheln lassen. Mit den passierten Tomaten andicken und mit der Currypaste würzen.

5. Legen Sie den Aal in den Sud, und lassen Sie ihn in 8 bis 10 Minuten darin gar ziehen. Die Brühe soll nicht kochen. Den Aal herausnehmen, warm stellen. Geben Sie den Reis in den Sud, und kochen Sie ihn darin in 10 Minuten knapp gar. Das vorgegarte Gemüse und die gewürfelten Tomaten dazugeben, kurz mitgaren. Inzwischen das Koriandergrün waschen, trocken schütteln und die Blättchen hacken. Das Curry mit Koriandergrün und eventuell etwas Salz würzen, separat zu Aal und Papayasalat anrichten.

Seeteufel-Garnelen-Burger

ZUBEREITUNG 1 Std. 20 Min.

ZUTATEN
· 600 g dickes Seeteufelfilet
  ohne Haut
· 12 mittelgroße geschälte Garnelen
· 1 dicker Zucchino
· Salz, frisch gemahlener Pfeffer
· Olivenöl zum Braten
· 12 lange Thymianzweige (Garten-
  thymian, etwa 15 cm lang)
· 300 g Zuckerschoten
· 200 g Kirschtomaten bzw. 20 Stück
· 200 ml Fischfond (siehe Seite 23;
  oder aus dem Glas)
· 30 g Butter, 1 TL Pernod

Um das Seafood-Zucchini-Türmchen zusammenzunähen, *einen Thymianzweig von oben senkrecht (aber nicht mittig) durch alle vier Schichten stecken, dann von unten ziehen, bis nur noch das obere, beblätterte Zweigstück herausschaut. Nun fädeln Sie den Zweig etwas versetzt wieder von unten durch die Zutaten nach oben durch und ziehen ihn etwas fest.*

Alternativ können Sie die Türmchen auch mit jeweils zwei Holzspießchen zusammenstecken.

1. Schneiden Sie das Seeteufelfilet in 12 Scheiben; diese sollten einen Durchmesser von etwa 6 cm haben. Die Garnelenschwänze jeweils an der Unterseite so aufschneiden, dass sie am Rücken noch zusammenhalten.

2. Den Zucchino in 24 Scheiben von etwa 4 mm Dicke schneiden. Sie sollten genauso groß sein wie die Seeteufelscheiben; gegebenenfalls den Zucchino schräg schneiden.

3. Seeteufelscheiben, Garnelen und die Zucchinischeiben salzen und pfeffern und in einer sehr heißen Pfanne mit wenig Olivenöl 1 Minute von beiden Seiten anbraten. Nehmen Sie das Ganze dann aus der Pfanne, und lassen Sie es abkühlen.

4. Legen Sie dann je eine Scheibe Zucchini, eine Seeteufelscheibe, eine Garnele und abschließend noch eine Zucchinischeibe aufeinander, und drücken Sie alles ein wenig zusammen. Die Thymianzweige waschen und trocken schütteln, jeweils die unteren zwei Drittel der Zweige von Blättern befreien. Jedes Türmchen mit 1 Thymianzweig »zusammennähen« wie im Kasten gezeigt und beschrieben.

5. Waschen und putzen Sie die Zuckerschoten. Die Tomaten ebenfalls waschen und halbieren. Den Fischfond mit der Butter in einem Topf aufkochen. Mit Pernod sowie Salz und Pfeffer abschmecken, die Zuckerschoten und die halbierten Tomaten dazugeben und 6 Minuten köcheln lassen.

6. Setzen Sie die »Burger« aufrecht in den Gemüsesud, und lassen Sie das Ganze nochmals 5 Minuten zugedeckt köcheln. Anschließend die Seeteufel-Garnelen-Burger und das Zuckerschoten-Tomaten-Gemüse (mit Garsud) anrichten.

Zopf von Seeteufel und Lachs

ZUBEREITUNG 35 Min.

FÜR DAS GEMÜSE
· 2 Tomaten, 30 g Butter
· Salz, frisch gemahlener Pfeffer, Zucker
· 1 Stange Lauch, 50 ml Gemüsebrühe

FÜR DIE FISCHZÖPFE
· 300 g Lachsfilet, 500 g Seeteufel, gehäutet
· Salz, frisch gemahlener Pfeffer
· Abrieb von 1 Bio-Zitrone, 2 EL Knoblauchöl
· 4 Holzspießchen zum Fixieren

FÜR DAS SELLERIEPÜREE
· 25 Salbeiblätter, 150 ml Öl
· 1 kleine Knolle Sellerie (400 g)
· 2 EL Zitronensaft, Salz
· 100 g eiskalte Butter in Würfeln
· frisch gemahlener Pfeffer
· frisch geriebene Muskatnuss

Für echte, geflochtene »Fischzöpfe«
sollten die Fischfilets
gleich lang sein. Ansonsten das
Lachsfilet dekorativ
mit dem Seeteufel umwickeln.

1. Die Tomaten blanchieren, häuten, halbieren, entkernen. Das Fruchtfleisch in Streifen schneiden. Zerlassen Sie 20 g Butter, und dünsten Sie die Tomaten darin kurz an. Mit Salz, Pfeffer und 1 Prise Zucker würzen. Lauch putzen, waschen, trocken schütteln und in feine Streifen schneiden.

2. Für das Püree die Salbeiblätter in einer Pfanne in Öl knusprig ausbacken. Dann auf Küchenpapier abtropfen lassen. Schälen Sie den Sellerie, und schneiden Sie ihn in grobe Würfel. Diese in einen Topf geben und sofort mit Wasser bedecken, damit sie nicht braun werden, mit 1 EL Zitronensaft und Salz würzen und 20 Minuten weich kochen.

3. Den Backofen auf 180 °C vorheizen. Für die Zöpfe waschen Sie die Fischfilets kalt ab und tupfen Sie mit einen Küchentuch trocken. Das Seeteufelfleisch von der Mittelgräte lösen und längs in vier Streifen schneiden. Das Lachsfilet schneiden Sie ebenfalls in vier Längsstreifen. Den Fisch mit Salz, Pfeffer und dem Zitronenabrieb würzen und mit Knoblauchöl beträufeln. Binden Sie aus je zwei Seeteufel- und einem Lachsstreifen einen Zopf (Anfang und Ende mit einem Holzzahnstocher fixieren). Diese auf einem mit Backpapier belegten Blech 10 Minuten im Ofen (Mitte) garen.

4. Inzwischen den Lauch in der restlichen Butter andünsten, ohne ihn Farbe nehmen zu lassen. Mit Salz und Pfeffer würzen. Mit der Gemüsebrühe aufgießen, aufkochen und bei abgeschalteter Kochplatte 5 Minuten ziehen lassen. Die Tomatenstreifen unter das Lauchgemüse mischen.

5. Vom Sellerie das Wasser abgießen. Die kalte Butter dazugeben und alles mit dem Mixstab fein pürieren. Würzen Sie das Püree mit Salz, Pfeffer, Muskat und dem restlichen Zitronensaft herzhaft. Püree, Gemüse und die Fischzöpfe anrichten und das Püree mit dem frittierten Salbei garnieren.

Seeteufel-Piccata mit Pesto-Nudeln

ZUBEREITUNG 30 Min.

FÜR DIE PICCATA
· 1 Seeteufel, gehäutet (etwa 500 g)
· Salz, frisch gemahlener Pfeffer
· Mehl zum Bestäuben und Panieren
· 2 Eier, 3–4 EL geriebener Parmesan
· etwa 250 g Butterschmalz zum Ausbacken

FÜR DIE PESTO-NUDELN
· 1 EL Pinienkerne
· ½ Töpfchen Basilikum
· 1 Knoblauchzehe
· 1 EL geriebener Parmesan
· 5 EL Olivenöl, Salz
· 250 g Tagliatelle oder Spaghetti

FÜR DIE OFENTOMATEN
· 20 Kirschtomaten, 2–3 EL Olivenöl
· Salz, frisch gemahlener Pfeffer

Mit seinem festen Fleisch kann Seeteufelfilet gut wie ein zartes Schnitzel vom Kalb zubereitet werden.

1. Rösten Sie für das Pesto die Pinienkerne in einer trockenen Pfanne goldgelb, und lassen Sie sie abkühlen. Die Basilikumblätter von den Stängeln zupfen. Pinienkerne, Basilikumblätter, geschälten Knoblauch und Parmesan mit Olivenöl im Mörser fein zermahlen. Die Paste mit Salz abschmecken.

2. Den Backofen auf 185 °C vorheizen. Die Nudeln in reichlich Salzwasser »al dente« kochen.

3. Inzwischen geben Sie die Kirschtomaten in eine ofenfeste Form, übergießen sie mit dem Olivenöl und würzen sie mit Salz und Pfeffer. Dann die Tomaten im Ofen (Mitte) 10 bis 15 Minuten garen, bis sie aufspringen.

4. Den Seeteufel filetieren, das Filet säubern und in insgesamt 16 dünne Scheiben schneiden. Plattieren Sie die Seeteufelscheiben, am besten zwischen zwei Frischhaltefolien, noch etwas dünner. Dann die Stücke mit Salz und Pfeffer würzen und in Mehl wenden.

5. Eier, Mehl und Parmesan zu einer Panade verrühren und die Fischfiletscheiben darin panieren. Erhitzen Sie in einer Pfanne reichlich Butterschmalz (etwa 1 cm hoch). Die panierten Seeteufelstücke darin schwimmend goldbraun ausbacken, dabei einmal wenden. Die Stücke herausheben und auf Küchenpapier abtropfen lassen.

6. Das Pesto unter die Nudeln geben und alles gut vermischen. Rollen Sie dann die Pestonudeln mit einer Gabel auf, und richten Sie sie mit der Piccata vom Seeteufel auf Tellern an. Das Gericht mit den Ofentomaten garnieren.

Seezunge im Tempurateig mit Ananas-Chutney

ZUBEREITUNG 1 Std.

FÜR DAS CHUTNEY
· 2 Babyananas
· 120 g Schalotten
· 2 Bio-Limetten
· 10 g frische Ingwerwurzel
· 100 g brauner Zucker
· frisch gemahlener Pfeffer
· 1 TL rote Chiliwürfel
· 150 ml Mango-Balsamico-
  essig (alternativ Mango-
  Weinessig)
· Salz

FÜR DIE SEEZUNGEN
· Filets von 2 Seezungen
  (8 Stück von je etwa
  20 cm Länge)
· 120 g Reismehl und etwas
  Mehl zum Wenden
· 175 ml kaltes Mineralwasser
  (mit Kohlensäure)
· 1 Eigelb, Salz
· neutrales Öl zum Ausbacken

FÜR DEN REIS
· 4 Frühlingszwiebeln
· 4 EL Erdnussöl
· 200 g gekochter Basmatireis
  (am Vortag gekocht)
· 2 Eier
· 3 EL Sojasauce
· ½ TL Salz
· frisch gemahlener Pfeffer
· 2 TL gehacktes Koriandergrün

FÜR DIE GARNITUR
· 1 Granatapfel

1. Für das Chutney schälen Sie die Ananas sorgfältig, entfernen alle »Augen« und schneiden das Fruchtfleisch in 1 cm große Stücke. Die Schalotten schälen und fein würfeln. Die Limetten heiß waschen, trocken reiben und mit dem Zestenreißer Schalenstreifen abziehen, dann den Saft aus den Früchten auspressen. Den Ingwer schälen und fein reiben.

2. Lassen Sie den Zucker in der Pfanne karamellisieren, und geben Sie alle Zutaten für das Chutney bis auf die Limettenzesten dazu. 30 Minuten bei schwacher Hitze offen schmoren und dabei die Flüssigkeit fast vollständig verkochen lassen.

3. Inzwischen die Seezungenfilets kalt abwaschen, trocken tupfen und jedes Filet in zwei bis drei Stücke schneiden. Lösen Sie für die Garnitur die Samen aus dem Granatapfel: Die Frucht keilförmig anschneiden und auseinanderbrechen, die Samen in eine Schüssel fallen lassen und weiße Trennhäutchen aussortieren. Für den Tempurateig rühren Sie das Reismehl in das Mineralwasser ein. Eigelb und Salz dazugeben und den Teig rühren, bis er klümpchenfrei ist.

Für einen guten Fond

Wenn Sie die Seezungen beim Fischhändler filetieren lassen, lassen Sie sich die Karkassen mitgeben – sie sind ideal für die Zubereitung eines Fischfonds (Grundrezept Seite 23).

4. Für den gebratenen Reis die Frühlingszwiebeln waschen, putzen, fein schneiden und im Erdnussöl im Wok oder in einer tiefen Pfanne anbraten. Geben Sie den Reis dazu, und braten Sie ihn, bis er Farbe angenommen hat. Eier und Sojasauce verrühren, zugießen und rühren bis das Ei gestockt ist. Den Reis mit Salz und Pfeffer abschmecken. Das Koriandergrün untermischen. Geben Sie zum eingekochten Ananas-Chutney die Limettenzesten, schmecken Sie das Chutney ab, und lassen Sie es abkühlen.

5. Die Seezungenfilets in Mehl wenden und durch den Tempurateig ziehen. Backen Sie die Filets dann im 180°C heißen Öl in 1 bis 2 Minuten goldbraun aus. Die Fischstücke mit Granatapfelsamen anrichten, dazu den Reis und das Ananas-Chutney servieren.

Rotbarbenfilets auf Rucolarisotto

ZUBEREITUNG 50 Min. + BACKEN 1 Std.

FÜR TOMATEN UND PFIFFERLINGE
- · 12 Kirschtomaten
- · Salz, frisch gemahlener Pfeffer, Zucker
- · 250 g kleine Pfifferlinge
- · 1 kleines Bund Schnittlauch
- · 2 EL Olivenöl

FÜR DEN RISOTTO
- · 2 Bund Rucola, Fett zum Ausbacken
- · 2 Schalotten, 4 EL Olivenöl
- · 200 g Risottoreis (z. B. Carnaroli)
- · 100 ml trockener Weißwein
- · 500–600 ml heißer Geflügelfond
- · 50 g Butter, Salz, frisch gemahlener Pfeffer
- · 50 g Parmesan, gerieben

FÜR DEN FISCH
- · 8 Rotbarbenfilets mit Haut (je etwa 70 g), Salz
- · etwas Mehl zum Wenden
- · 2 EL Olivenöl

AUSSERDEM
- · 200 ml Fischvelouté (siehe unten, Bild 1 bis 3)
- · 8 EL Arganöl (siehe Kniff)

1. Waschen Sie die Tomaten, halbieren Sie sie, und setzen Sie sie auf ein Backblech. Mit Salz, Pfeffer und Zucker würzen und für etwa 1 Stunde bei 80°C in den Backofen geben.

2. Für den Risotto die Rucola waschen, trocken tupfen, Stiele entfernen. Die Blättchen in 160°C heißem Fett 20 bis 30 Sekunden frittieren. Heben

GRUNDREZEPT FISCHVELOUTÉ
Samtsauce auf Basis von Mehlschwitze

(1) 1 EL Butter in einem heißen Topf zerlassen. 1 in kleine Würfel geschnittene Schalotte dazugeben, die Würfelchen andünsten, mit 1 EL Mehl bestäuben.

(2) Gießen Sie 50 g Sahne und 200 ml Fischfond (siehe Seite 23; oder aus dem Glas) an. Dann alles aufkochen und etwas einkochen lassen.

(3) Zuletzt pürieren Sie die Sauce mit einem Mixstab und schmecken sie mit Salz ab.

Sie die Blätter mit einem Sieblöffel aus dem Fett, lassen Sie sie auf Küchenpapier abtropfen. Ein wenig für die Garnitur beiseitelegen. Den Rest in Küchenpapier ausdrücken und sehr fein hacken.

3. Schalotten schälen, fein würfeln und im Öl andünsten. Den Reis 1 Minute mit andünsten. Löschen Sie mit dem Wein ab, und gießen Sie drei Viertel des Geflügelfonds an. Bei schwacher Hitze den Risotto in 20 bis 25 Minuten gar ziehen lassen. Nach Bedarf mit dem übrigen Fond auffüllen.

4. Putzen Sie die Pfifferlinge. Den Schnittlauch waschen, trocken schütteln und fein schneiden. Die Pfifferlinge in 2 EL Olivenöl etwa 3 Minuten scharf anbraten, mit Salz und Pfeffer würzen, zum Schluss den Schnittlauch dazugeben.

5. Die Fischfilets kalt abwaschen, trocken tupfen, dann salzen und in etwas Mehl wenden; über-schüssiges Mehl abklopfen. Die Filets im Öl auf der Hautseite anbraten (eventuell beschweren, da-mit sie sich nicht wölben). Wenden Sie die Filets wenn sie fast gar sind (nach etwa 2 Minuten), und braten Sie sie in 10 Sekunden von der anderen Seite fertig. Warm stellen.

6. Rühren Sie die Butter stück-chenweise und dann die gehack-te Rucola in den Risotto ein. Mit Salz und Pfeffer abschmecken, den Parmesan unterheben.

7. Den Risotto auf vorgewärmte Teller geben. Die Rotbarbenfilets mit Pfifferlingen und Tomaten sowie etwas Fischvelouté anrichten. Arganöl über das Gericht träufeln und mit der zurückbehalte-nen Rucola garnieren.

Öl zum Veredeln

Sie bekommen das nussige Arganöl im Feinkostladen oder auch im Internetversand. Wer es sich nicht leisten möchte, lässt es weg. Es gibt geschmacklich keinen Ersatz.

Hauptgerichte
mit Meeresfrüchten

Meeresfrüchte-Miniquiches

ZUBEREITUNG 1 Std. 15 Min.
+ RUHEN 2 Std.

FÜR DEN TEIG
- · 200 g Weizenmehl Type 550, Salz
- · 100 g kalte Butter
- · 2 EL Olivenöl

FÜR DIE FÜLLUNG
- · 400 g küchenfertige (ausgelöste) Meeresfrüchte (z. B. Garnelen-schwänze, Muschelfleisch, kleine Tintenfische, Tuben und Tentakel-stücke von großen Tintenfischen)
- · Salz

- · 150 g Ricotta
- · 2–3 TL frisch geriebener Meerrettich
- · 0,1 g Safranfäden (1 Döschen/Briefchen)
- · 3 Eier
- · 1 EL Mehl, 80 ml Milch
- · 100 g Sahne
- · frisch gemahlener Pfeffer
- · 1–2 EL fein geschnittener Dill

AUSSERDEM
- · 8 Tortelettförmchen von 7–8 cm Ø
- · Butter für die Form

1. Für die Quicheböden bereiten Sie einen Mürbeteig aus Mehl, 2 Prisen Salz, der Butter in Flocken, Oli-venöl und 75 ml Wasser zu: Mehl mit Salz in eine Schüssel geben, in eine Mulde das Olivenöl geben. Die Butter in Flocken auf dem Mehlrand verteilen. Alle Zutaten mit den Knethaken des Handrührgeräts rasch zu einem homogenen Teig verarbeiten, dabei nach und nach das Wasser zugeben. Den Teig in Frischhaltefolie gewickelt für 2 Stunden kalt stellen.

2. Die Förmchen buttern, mit dem Teig auslegen (diesen dazu am besten zwischen zwei Lagen Frischhaltefolie auf etwas mehr als Form-größe ausrollen) und jeweils einen Rand formen. Stellen Sie anschlie-ßend den Teig nochmals abgedeckt kalt.

3. Den Backofen auf 250 ℃ vorheizen. Kochen Sie die Meeresfrüchte 3 Minuten in Salzwasser, und schütte Sie sie in ein Sieb. In die Ricotta gerade so viel geriebenen Meerrettich einrühren, dass der Frischkäse angenehm scharf schmeckt – er sollte nicht beißend scharf werden.

Für eine große Quiche

Wer dieses Rezept in einer großen Form zubereiten möchte, nimmt eine Springform von 26 cm Durch-messer. Die Quiche etwa 30 Minuten backen, gege-benenfalls die Oberfläche gegen Ende der Backzeit mit Backpapier abdecken, dann noch 10 Minuten im ausgeschalteten Ofen ruhen lassen.

4. Stechen Sie die Teigböden jeweils mit einer Gabel mehrmals ein. Die Safranfäden mit 1 TL heißem Wasser in einem kleinen Schälchen einweichen. 1 Ei trennen, das Eiweiß verquirlen und die Teigböden damit bepinseln. Streichen Sie die Meerrettich-Ricotta darauf, und verteilen Sie die Meeresfrüchte auf die acht Förmchen.

5. Das restliche Eiweiß und das Eigelb mit den übrigen beiden Eiern verquirlen. Das Mehl mit ein wenig Milch anrühren, mit der restlichen Milch, der Sahne, der Safranlösung und den verquirlten Eiern mischen, mit Pfeffer und Salz abschmecken. Rühren Sie den Dill unter die Eiersahne, und verteilen Sie die Mischung über die Meeresfrüchte.

6. Die Förmchen in den Backofen (Mitte) stellen, die Temperatur auf 200 ℃ zurückschalten und die Meeresfrüchte-Miniquiches knapp 30 Minuten backen, bis der Guss goldbraun ist und die Teigränder ebenfalls appetitlich gebräunt sind.

Tomaten-Meeresfrüchtetarte

ZUBEREITUNG 1 Std.
+ RUHEN mind. 1 Std.
+ BACKEN 50 Min.

FÜR DEN TEIG
· 250 g Mehl, 1 TL Salz
· 125 g Butter
· 40 ml eiskaltes Wasser

FÜR DEN BELAG
· 500 g Meeresfrüchtefleisch,
  etwa von Krabben, Kamm-
  muscheln, Herzmuscheln,
  Tintenfischen
· 1 rote Zwiebel

· 1 Knoblauchzehe
· 4 getrocknete Tomaten
  (in Öl)
· 5 Kirschtomaten
· ½ Bund Basilikum
· 2 Eier, 300 g Sahne
· 2 EL Zitronensaft
· ½ TL Salz
· ½ TL Cayennepfeffer
· frisch geriebene Muskatnuss

FÜR DIE AVOCADOCREME
· 1 reife Avocado
· 1 Knoblauchzehe
· 2 EL Zitronensaft

· ½ TL Senf
· 1 TL Olivenöl
· ½ TL Zucker
· ½ TL Salz
· frisch gemahlener Pfeffer
· 1 Fleischtomate
· Tabasco

AUSSERDEM
· Quicheform von 28 cm Ø
  (alternativ 4 Portions-
  Quicheformen)
· Fett für die Form(en)
· Hülsenfrüchte zum
  Blindbacken

1. Für den Teig das Mehl auf die Arbeitsfläche geben und das Salz darüberstreuen. Verteilen Sie die Butter in Stücken auf dem Mehl. Diese mit dem Messer zerhacken und so mit dem Mehl vermischen, bis die Masse krümelig ist. Die Krümel mit den Fingern zerreiben, bis das gesamte Mehl gebunden ist.

2. Nun kneten Sie das eiskalte Wasser nach und nach in den Teig. Nicht zu viel zugeben; der Teig soll gerade homogen sein und darf nicht kleben. Die Masse zur Kugel formen, in Frischhaltefolie einwickeln und für mindestens 1 Stunde in den Kühlschrank legen.

3. Backofen auf 200°C vorheizen. Rollen Sie den Teig zwischen Frischhaltefolie aus. Die gefettete Quicheform (bzw. die Formen) damit auslegen. Den Teig mehrmals mit einer Gabel einstechen, mit Backpapier belegen, mit Hülsenfrüchten bedecken; im Ofen (Mitte) 10 Minuten vorbacken.

4. Waschen Sie die Meeresfrüchte für den Belag, putzen Sie sie, und lassen Sie sie in einem Sieb gut abtropfen. Inzwischen Zwiebel und Knoblauch schälen und separat in kleine Würfel schneiden. Die in Öl eingelegten getrockneten Tomaten in Streifen schneiden. Kirschtomaten waschen, halbieren. Mischen Sie die Meeresfrüchte, beide Tomatensorten und die Zwiebeln. Die Basilikumblätter grob schneiden. Eier, Sahne, Knoblauch, Basilikum, Zitronensaft, Salz und Cayennepfeffer in eine Schüssel geben und mit einem Schneebesen gut verquirlen.

5. Die Backofentemperatur auf 180°C reduzieren. Verteilen Sie die Meeresfrüchtemischung auf dem Quicheboden, und übergießen Sie sie mit der Eiersahne. Etwas Muskat über die Quiche reiben und diese in etwa 50 Minuten goldbraun backen.

6. Inzwischen für die Avocadocreme die Avocado schälen und den Kern entfernen. Schneiden Sie das Avocadofleisch klein, zerdrücken Sie es mit einer Gabel, und streichen Sie es durch ein Haarsieb. Den Knoblauch schälen und dazupressen, die Creme mit Zitronensaft, Senf, Öl, Zucker sowie Salz und Pfeffer verrühren. Die Tomate mit kochendem Wasser überbrühen, kurz ziehen lassen, dann häuten und entkernen. Das Fruchtfleisch würfeln und mit einem Löffel unter das Avocadopüree mischen. Schmecken Sie die Creme mit Tabasco ab, und servieren Sie sie zur Quiche.

Wichtige Muscheln

HERZMUSCHELN

Von ihrem **herzförmigen Profil** haben diese Muscheln ihren Namen. Herzmuscheln sind **in allen Meeren** verbreitet. Europäische Arten werden vorwiegend an den Küsten der Niederlande, Großbritanniens, Frankreichs, Spaniens und Portugals gefischt.

Herzmuscheln sind relativ preiswert und schmecken in einem feinen Sud **gedämpft** sehr gut.

VENUSMUSCHELN

Es gibt über 500 Arten Venusmuscheln, die **weltweit**, in Europa vor allem in Frankreich, Spanien und Italien, vorkommen. Kommerziell wichtige Arten werden zunehmend in **Aquakulturen** gezüchtet.

Venusmuscheln schmecken gut **gedünstet oder gratiniert** und eignen sich für Füllungen; kleine Exemplare können auch roh gegessen werden. Klassisch sind **Saucen zu Pasta** mit Venusmuscheln.

DREIECKSMUSCHELN

Die kleinen Muscheln leben in allen gemäßigten und warmen Meeren. Wegen der »Zähnchen« am Innenrand der Schalen werden sie auch **Sägezähnchen** genannt. Man findet sie ebenfalls unter ihrem italienischen Namen »**Telline**«.

Dreiecksmuscheln können gut **roh** verzehrt werden, sie schmecken aber vor allem **gedämpft** und mit einer würzigen Sauce, etwa zu Pasta, sehr fein.

SCHWERTMUSCHELN

Die langgestreckten Muscheln haben eine röhrenartige Form. Sie sind eine **Delikatesse,** die in Europa vor allem im **Mittelmeerraum** vorkommt, und werden vorwiegend in der Adria, bei Sizilien und Zypern gefischt.

Schwertmuscheln eignen sich sehr gut zum **Grillen oder Dämpfen,** schmecken außerdem gut mit Butter und etwas **Knoblauch** gebraten.

MIESMUSCHELN

Die blauschwarze Muscheln kommen in allen **Meeren der Nordhalbkugel** sowie im **Mittelmeer** vor. Eine grünschalige Art ist in neuseeländischen Gewässern heimisch. Die Miesmuscheln im Handel stammen fast ausschließlich **aus Aquakultur.**

Während man Miesmuscheln in Nordamerika häufig **roh genießt,** ist die klassische Zubereitungsart in Europa das **Dämpfen** der ganzen Muscheln im Weinsud.

KAMMMUSCHELN

Ihr gemeinsames Merkmal sind die **strahlenförmig** zum Rand verlaufenden Rippen auf den Schalen. Letztere sind bei vielen Arten **unsymmetrisch.**

Die besten Kammmuscheln kommen aus **Großbritannien und Frankreich,** Alaska und Neufundland. In Asien werden sie zunehmend in **Aquakultur** gezüchtet. Die bekannteste Kammmuschel ist die **Jakobsmuschel** (siehe Seite 47).

Gugelhupf vom Couscous mit Meeresfrüchten

ZUBEREITUNG 40 Min.

FÜR DIE MEERESFRÜCHTE
· 12–16 Calamaretti
· 2 kleine Schalotten
· 60 g Lauch (nur der helle Teil)
· 1 kleine Möhre (60 g)
· 400 g Muscheln in der Schale
  (z. B. Herzmuscheln)
· 100 ml Olivenöl
· 200 ml trockener Weißwein
· 1 Tomate
· 2 EL gemischte fein geschnittene
  Kräuter (z. B. Petersilie, Kerbel,
  Zitronenmelisse, wenig Estragon
  und Thymian)

· 20 g kalte Butter in Flöckchen
· 1 kleine Knoblauchzehe
· 150 ml Fischfond (siehe
  Seite 23; oder aus dem Glas)
· etwas Zitronensaft

FÜR DEN COUSCOUS
· 2 EL Olivenöl, ½ TL Salz
· 250 g Instant-Couscous
· 1 EL Butter in Flöckchen

AUSSERDEM
· 4 ofenfeste Tassen
· Butter zum Fetten
· Kräuter zum Garnieren

Edle Füllung

HUMMER BZW. FLUSSKREBSE garen und das Fleisch ausbrechen. Die zerkleinerten Karkassen in einer Olivenöl-Butter-Mischung anrösten. Geben Sie klein geschnittenes Röstgemüse dazu (1 kleine Zwiebel, 1 Möhre, ¼ Knolle Sellerie, ¼ Stange Lauch), rösten Sie es mit 1 EL Tomatenmark, flambieren Sie dann mit 6 cl Weinbrand. 80 ml Weißwein, je 200 ml Geflügel- und Fischfond (siehe Seite 23; oder aus dem Glas) angießen. Das Ganze 1 bis 1 ½ Stunden kochen. Abpassieren, den Fond etwas reduzieren, mit 100 g Sahne und 1 EL Butterflocken verfeinern, abschmecken.

Geben Sie den aufgeschäumten Fond um den Gugelhupf. Die Hummerstückchen oder Flusskrebsschwänze in den Gugelhupf garnieren.

1. Calamaretti putzen (siehe Seite 51), kalt abwaschen und trocken tupfen. Backofen auf 120 °C vorheizen. Schälen Sie die Schalotten, und schneiden Sie sie fein. Lauch und Möhre waschen, putzen, in Julienne schneiden. Muscheln waschen, bereits geöffnete wegwerfen. Dünsten Sie drei Viertel der Schalotten mit Lauch und Möhren in 2 EL Olivenöl an, mit 100 ml Wein ablöschen. Die Muscheln zugeben, zugedeckt 8 Minuten bei schwacher Hitze garen.

2. Inzwischen für den Couscous 250 ml Wasser mit Öl und Salz aufkochen, von der Kochstelle nehmen. Den Couscous einrühren, 2 bis 3 Minuten quellen lassen, dann die Butterflocken unterheben und den Couscous bei schwacher Hitze in 3 Minuten fertig garen. Lockern Sie dabei die Körner mit einer Gabel. Die Tassen buttern, den Couscous einfüllen, etwas festdrücken und die Tassen für etwa 8 Minuten in den Ofen (Mitte) stellen.

3. Heben Sie die Muscheln mit einem Sieblöffel aus dem Fond. Geschlossene Exemplare wegwerfen, den Fond auf die Hälfte reduzieren. Die Muscheln, bis auf einige zum Garnieren, auslösen. Die Tomate überbrühen, häuten und entkernen. Das Fruchtfleisch klein würfeln, mit den geschnittenen Kräutern in den Fond geben. Die Butterflöckchen nach und nach einrühren. Das Muschelfleisch hineingeben.

4. Die Calamaretti ein- bis zweimal durchschneiden. Braten Sie sie dann in 2 EL Olivenöl kurz an. Den Knoblauch schälen, fein schneiden, mit den übrigen Schalotten andünsten. Mit 100 ml Wein und dem Fischfond ablöschen, mit Zitronensaft abschmecken. Etwa 60 ml Olivenöl nach und nach einrühren.

5. Stürzen Sie den Couscous auf vorgewärmte Teller. Muscheln und Calamaretti rumdum anlegen. Mit Muscheln in der Schale und Kräuterblättchen garnieren. Etwas Sauce darüberträufeln.

Garnelenrisotto mit Limetten-Korianderpesto

ZUBEREITUNG 45 Min.

FÜR DAS LIMETTEN-KORIANDERPESTO
· 20 g Korianderblättchen
· 10 g Petersilienblätter
· 1 Bio-Limette
· 30 g gehobelte Mandeln
· 30 g geriebener Pecorino
· 80 ml Olivenöl
· Salz, frisch gemahlener Pfeffer

FÜR DEN RISOTTO
· 100 g Schalotten
· 2 Knoblauchzehen
· 8 Thymianzweige
· ½ rote Chilischote
· 4 EL Olivenöl
· 2 Lorbeerblätter
· 240 g Risottoreis
· 150 ml trockener Weißwein
· 500 ml Hummerfond (ersatzweise Geflügelfond)

· 40–60 g kalte Butterwürfel
· Salz, frisch gemahlener schwarzer Pfeffer

FÜR DIE GARNELEN
· 8 Riesengarnelen (roh)
· 16 kleine Garnelen (roh)
· 3 EL Olivenöl, Meersalz

FÜR DIE GARNITUR
· Korianderblättchen

1. Für das Pesto die Koriander- und Petersilienblätter waschen und trocken tupfen. Die Limette heiß waschen, abtrocknen, die Schale abreiben und den Saft auspressen. Rösten Sie die Mandeln in einer Pfanne ohne Fett hellbraun. Im Mixer die Kräuterblätter mit Limettenabrieb und -saft, Mandeln, Käse und Olivenöl zu einer Paste mixen. Diese mit Salz und Pfeffer abschmecken.

2. Schälen Sie für den Risotto Schalotten und Knoblauch, und schneiden Sie beides klein. Thymian waschen und trocken tupfen, die Blätter abstreifen. Die Chilischote waschen und klein schneiden. Schalotten und Knoblauch in einem Topf im Olivenöl anschwenken. Geben Sie Thymian, Chili, Lorbeer und den Risottoreis dazu. Den Reis 1 Minute unter Rühren anbraten, mit dem Weißwein ablöschen und 350 ml Hummerfond dazugeben. Zugedeckt etwa 20 Minuten ziehen lassen, alle 5 Minuten rühren!

3. Inzwischen brechen Sie die Riesengarnelen aus der Schale, belassen dabei jedoch die Schwanzfächer jeweils daran. Das Schwanzfleisch auf der Rückenseite einschneiden und den Darm entfernen (siehe Seite 33). Schneiden Sie dann mit einem scharfen Messer die Riesengarnelen bis fast zur Schwanzspitze durch. Die Garnelen abgedeckt beiseitestellen.

Risotto richtig garen

Ein Risotto sollte, während es gart, immer nur ziehen und nicht kochen, da sonst zu viel Geschmack verkocht.

4. Die kleinen Garnelen aus der Schale brechen, das Schwanzfleisch auf der Rückenseite einschneiden und den Darm entfernen. Braten Sie diese Garnelen in etwas Olivenöl scharf an. Die Garnelen dann auf einen Teller geben und beiseitestellen. Gegen Ende der Garzeit für den Reis geben Sie die kleinen Garnelen in den Reis und rühren den restlichen Hummerfond ein. Den Risotto weitere 3 bis 5 Minuten ziehen lassen. Inzwischen die Riesengarnelen in einer Pfanne in heißem Olivenöl von beiden Seiten je 1 Minute anbraten und mit Meersalz würzen.

5. Den Risotto mit kalter Butter abbinden, indem Sie die Butterwürfel stückchenweise einrühren. Die Lorbeerblätter entfernen und den Risotto mit Salz und Pfeffer abschmecken. Richten Sie den Reis in tiefen Tellern an, und platzieren Sie die Riesengarnelen darauf. Das Gericht mit Korianderblättchen garnieren und das Pesto separat dazuservieren.

Süß- und Salzwassergarnelen mit grünen Bandnudeln

ZUBEREITUNG 40 Min.

ZUTATEN
- · 400 g kleine Süßwassergarnelen ohne Kopf (roh, geschält), ersatzweise TK-Garnelen
- · 4 große Salzwassergarnelen mit Kopf (roh, ungeschält)
- · Salz, frisch gemahlener Pfeffer
- · 1 Knoblauchzehe
- · 2 Tomaten
- · Salz
- · 500 g grüne Bandnudeln
- · 3 EL Öl, 2 cl Cognac
- · 1 Bund Petersilie
- · 50 g Butter

Süßwasser- bzw. Freshwater-Garnelen sind preiswerter und besitzen ein nicht ganz so festes Fleisch wie die Salzwasser-/Seawater-Garnelen.

1. Süßwassergarnelen kalt abwaschen, trocken tupfen und längs halbieren. Die Salzwassergarnelen halbieren Sie mit der Schale längs und entfernen den dunklen Darmfaden. Die Garnelenhälften dann kalt abwaschen und trocken tupfen. Alle Garnelen salzen und pfeffern. Die Knoblauchzehe schälen und in dünne Scheiben schneiden. Tomaten halbieren, Stielansätze und Kerne entfernen und die Tomaten jeweils achteln.

2. Bringen Sie für die Nudeln in einem Topf reichlich Salzwasser zum Kochen. Die Bandnudeln darin gemäß Anleitung kochen, dann abgießen.

3. Während die Nudeln garen, 1 EL Öl in einer großen Pfanne erhitzen und die Salzwassergarnelen einlegen. Nach 2 bis 3 Minuten, wenn Schale der Salzwassergarnelen rot ist, die Garnelen umdrehen, kurz braten und herausnehmen. Erhitzen Sie das übrige Öl, und braten Sie die Süßwassergarnelen 2 bis 3 Minuten an. Sie dann wenden und mit den Knoblauchscheiben und den Tomaten nochmals kurz braten. Löschen Sie mit Cognac ab, und lassen Sie das Ganze kurz durchkochen.

4. Die Nudeln in einem Sieb abtropfen lassen. Die Petersilie waschen, trocken schütteln, die Blätter abzupfen und hacken. Erhitzen Sie die Butter im Nudeltopf, geben Sie Nudeln und Petersilie dazu, und schwenken Sie alles kurz durch.

5. Die Süßwassergarnelen unter die Nudeln heben, das Ganze auf Tellern mittig anrichten und die Salzwassergarnelen daneben anordnen.

Scampispieß mit Safrannudeln in Orangen-Pfeffer-Butter

ZUBEREITUNG
1 Std. 20 Min.
+ RUHEN 2 Std.

FÜR DIE SAFRANNUDELN
- 100 g Mehl
- 50 g Hartweizengrieß
- 0,1 g gemahlener Safran
  (1 Döschen/Briefchen)
- 3 EL Olivenöl
- 1 Eigelb, 1 Ei
- ½ TL Salz

FÜR DIE SPIESSE
- 1 kleiner Zucchino (etwa
  15 cm lang)
- 16 Scampischwänze (Kaisergranatschwänze; geschält,
  mit Schwanzfächer)
- 4 Holzgrillspieße
- 4 Flaschentomaten oder
  feste kleine Strauchtomaten
- Salz, frisch gemahlener
  Pfeffer
- 2 EL Olivenöl

**FÜR DIE ORANGEN-
PFEFFER-BUTTER**
- 1 Schalotte
- 150–180 g kalte Butter
  in kleinen Würfeln
- 100 ml Orangensaft
- 50 ml trockener Weißwein
- 2 EL Crème fraîche
- 2 EL grüner Pfeffer
  aus dem Glas

1. Stellen Sie für die Nudeln aus Mehl, Hartweizengrieß, Safran, 1 EL Olivenöl, Eigelb, Ei, 1 EL Wasser und Salz einen festen Nudelteig her. Den Teig in Frischhaltefolie einwickeln und zum Ruhen 2 Stunden in den Kühlschrank legen.

2. Gegen Ende der Ruhezeit den Zucchino für die Spieße waschen, die Enden entfernen. Schneiden Sie die Frucht in 12 etwa 1 cm dicke Scheiben, und stecken Sie diese abwechselnd mit den Scampi auf die Holzspieße. Die Tomaten waschen und in etwa 2 cm dicke Scheiben schneiden.

3. Für die Sauce die Schalotte schälen und fein würfeln, in etwas Butter farblos andünsten. Gießen Sie den Orangensaft und den Weißwein an, und lassen Sie die Flüssigkeit auf die Hälfte einkochen. Das Ganze dann durch ein Sieb passieren und bei schwacher Hitze zuerst die Crème fraîche und dann die übrige Butter nach und nach einrühren. Den grünen Pfeffer dazugeben und die Sauce mit Salz abschmecken; warm halten.

Nudelteig von Hand ausrollen

Damit Sie den Nudelteig gut mit einem Rollholz von Hand ausrollen können, müssen Sie ihn etwas weicher zubereiten als für das Auswalzen mit der Maschine. Außerdem darf der Teig ohne Weiteres länger ruhen, auch das macht ihn noch leichter ausrollbar.

4. Rollen Sie den Nudelteig dünn aus – am besten mit der Nudelmaschine – und schneiden Sie ihn in etwa ½ cm breite Streifen.

5. Die Scampispieße mit Salz und Pfeffer würzen und in einer Pfanne im Olivenöl von beiden Seiten scharf anbraten. Geben Sie die Tomatenscheiben dazu, und lassen Sie die Pfanne noch 3 Minuten auf der ausgeschalteten Kochstelle stehen, bis die Scampi durch und die Tomaten heiß sind.

6. Inzwischen reichlich Salzwasser für die Safrannudeln aufkochen. Die Nudeln darin etwa 1 Minute garen, abgießen und 2 EL Olivenöl darübergeben, damit sie nicht zusammenkleben. Richten Sie die Nudeln auf Tellern an, und verteilen Sie die Orangen-Pfeffer-Butter darüber. Die Scampispieße anlegen.

Calamaretti mit fruchtiger Schmorkaninchen-Füllung

ZUBEREITUNG
1 Std. 10 Min.
+ SCHMOREN 45 Min.

ZUTATEN
· 16 kleine Tintenfische
  (Calamaretti; nicht ausgenommen, je etwa 20 g)
· 1 Möhre
· 1 Knoblauchzehe
· 1 Zwiebel
· 8 EL Olivenöl
· 2 Kaninchenkeulen (je 200 g)
· 1 EL Tomatenmark

· 150 ml Rotwein
· 5 EL Aceto balsamico
· Meersalz, frisch gemahlener
  schwarzer Pfeffer
· 4 getrocknete Pflaumen
· 2 getrocknete Aprikosen
· 1 Schalotte
· 1 EL Rosinen
· 1 Lorbeerblatt
· 2 Thymianzweige
· etwas Trüffelöl

AUSSERDEM
· 16 Holzspießchen

Gefüllte Calamaretti eignen sich mit gemischtem Salat als Vorspeise, zu einem Pinienkernrisotto als Hauptgang.

1. Die Tintenfische vorbereiten wie auf Seite 49 beschrieben, ohne den Körperbeutel aufzuschneiden (siehe Seite 49, Zitat). Körperbeutel (Tuben) und Fangarme trocken tupfen, abgedeckt kalt stellen. Für die Füllung putzen Sie die Möhre, schälen Knoblauchzehe und Zwiebel und schneiden alles klein.

2. 2 EL Öl in einem Topf erhitzen, die Kaninchenkeulen darin rundherum anbraten. Das vorbereitete Gemüse in den Topf geben und Farbe nehmen lassen. Tomatenmark dazugeben und 1 Minute mitbraten. Löschen Sie mit dem Rotwein ab, und geben Sie 2 EL Balsamicoessig sowie 400 ml Wasser zu. Den Sud mit Salz und Pfeffer abschmecken, alles etwa 45 Minuten schmoren lassen.

3. Heben Sie die Kaninchenkeulen aus dem Sud, und lassen Sie sie abkühlen. Die Sauce passieren und auf die Hälfte reduzieren. Getrocknete Pflaumen und Aprikosen klein schneiden. Die Schalotte schälen und würfeln. Lösen Sie das abgekühlte Kaninchenfleisch vom Knochen, und schneiden Sie es ebenfalls klein.

4. Die Schalottenwürfel in 2 EL Olivenöl anbraten, Kaninchenfleisch, Aprikosen, Pflaumen und Rosinen hinzufügen. Mit 3 EL der reduzierten Sauce und 3 EL Balsamicoessig ablöschen, Lorbeer und Thymian dazugeben und das Ganze 3 Minuten bei schwacher Hitze schmoren lassen. Schmecken Sie mit Salz und schwarzem Pfeffer ab, und geben Sie 2 Tropfen Trüffelöl dazu. Lorbeer und Thymian wieder entfernen und die Mischung etwas abkühlen lassen.

5. Füllen Sie die Kaninchen-Trockenfrucht-Masse mithilfe eines Löffels in die Tintenfisch-Tuben. Die Öffnung jeweils mit einem Holzspießchen verschließen und die gefüllten Calamaretti zusammen mit den Fangarmen in einer Pfanne in heißem Olivenöl rundum anbraten. Mit etwas Sud servieren.

S. 48
KOCHKURS Sepia

Gebratene Languste mit Tonkabohnenjus

ZUBEREITUNG 1 Std. 30 Min.

FÜR LANGUSTEN UND TONKABOHNENJUS
· 2 lebende Langusten (je etwa 700 g), Salz
· 1 Gemüsezwiebel, 2 Möhren
· 2 Stangen Staudensellerie, 3 EL Olivenöl
· 2 EL Tomatenmark, 50 ml Weinbrand
· 100 ml Weißwein, 500 ml Fischfond (siehe
  Seite 23; oder aus dem Glas)
· 2 Lorbeerblätter, 10 weiße Pfefferkörner
· 1 Thymianzweig, 1 Tonkabohne
· 80 g kalte Butter in Würfeln

FÜR AUBERGINEN UND SPINAT
· 1 Aubergine, Salz, 500 g Blattspinat
· frisch gemahlener Pfeffer
· etwas Mehl zum Wenden
· 2 Eier, 150 g Paniermehl
· etwa 50 ml Olivenöl zum Ausbacken
· 2 EL gehackte Kräuter (Petersilie,
  Thymian, Basilikum)
· 20 g Butter, frisch geriebene Muskatnuss

Für den Tonkabohnenjus *die Karkassen in 3 EL Olivenöl rundum anrösten, dann das Gemüse 5 Minuten mitbraten. Tomatenmark mitrösten, bis es Farbe bekommt. Löschen Sie mit Weinbrand und Weißwein ab. Fischfond zugießen, Lorbeer, Pfefferkörner und Thymian zugeben. Das Ganze 20 Minuten kochen lassen. Gießen Sie den Sud dann durch ein feines Sieb ab, und lassen Sie ihn auf etwa 150 ml einkochen.*

Die Tonkabohne *gut zur Hälfte mithilfe einer Muskatreibe in die Sauce reiben. Alles 5 Minuten köcheln lassen. 50 g kalte Butterwürfel mit dem Schneebesen in die Sauce einrühren. Die Sauce warm halten.*

Anstelle der Tonkabohne *können Sie für den Jus auch das Mark einer Vanilleschote verwenden.*

1. Kochen Sie die Langusten in sprudelndem Salzwasser 10 Minuten. Sie dann kalt abschrecken und den Schwanz abdrehen (Bild Seite 36). Köpfe ausspülen, die Karkassen klein schneiden. Zwiebeln, Möhren und Sellerie putzen, klein schneiden. Den Tonkabohnenjus zubereiten wie im Kasten beschrieben.

2. Während der Fond kocht, schneiden Sie die Aubergine in 12 etwa 1 cm dicke Scheiben. Diese leicht salzen und mindestens 15 Minuten ziehen lassen. Den Spinat waschen und putzen.

3. Halbieren Sie die Langustenschwänze längs (Bild 3 Seite 35), und befreien Sie sie von den Innereien. Das Langustenfleisch salzen und in 30 g Butter auf der Fleischseite 2 Minuten anbraten, bis es etwas Farbe angenommen hat. Auf der Schalenseite weitere 4 Minuten braten, dann warm halten.

4. Die Auberginenscheiben pfeffern, in Mehl, verquirlten Eiern und Paniermehl wälzen. Im Olivenöl von allen Seiten goldbraun braten und zum Schluss die gehackten Kräuter dazugeben. Für den Spinat erhitzen Sie die Butter in einem Topf und lassen sie leicht bräunen. Den Spinat dazugeben und kurz dünsten, bis er zusammengefallen ist. Mit Salz, Pfeffer und Muskat abschmecken.

5. Die Auberginen, den Spinat und etwas Tonkabohnenjus auf den Tellern anrichten, die gebratenen Langustenschwänze anlegen.

Carpaccio vom Hummer

ZUBEREITUNG 45 Min.
+ GEFRIEREN/KÜHLEN 2 Std.

FÜR DAS CARPACCIO
· 1 Zwiebel, 2 Möhren
· 1 Stange Lauch (das Weiße)
· 1 l trockener Weißwein
· je ½ Bund Petersilie und
  Thymian, 2 Lorbeerblätter
· 1 Knoblauchzehe, 2 TL Salz
· etwa 500 g Eiswürfel
· 2 lebende Hummer
  (je etwa 800 g)

FÜR DAS KNOBLAUCHÖL
· 2 Chilischoten
· 1 Knoblauchzehe
· 3 EL Olivenöl
· ½ Bund Basilikum
· 2 TL Meersalz

FÜR DEN GEMÜSESALAT
· 200 g lila Kartoffeln
  (z.B. Trüffelkartoffeln)
· 1 Zwiebel
· 400 g Hokkaidokürbis
· 3 EL Olivenöl

· 50 ml trockener Weißwein
· 1 EL abgeriebene Schale
  von einer Bio-Orange
· 1 Zimtstange
· Salz, frisch gemahlener
  Pfeffer, 1 TL Honig
· 4 EL Walnussessig
· 20 g Pinienkerne
· 1 Bund Petersilie

S. 36
KOCHKURS Hummerschwanz auslösen

1. Bereiten Sie zunächst das Gemüse für das Hummerkochwasser vor: Zwiebel schälen, Möhren waschen, putzen und beides in grobe Würfel schneiden. Lauch halbieren und waschen. In einen großen Topf (etwa 4,5 l Inhalt) 2 l Wasser geben, Wein, Zwiebeln, das Gemüse, die Kräuter sowie den angedrückten Knoblauch zufügen. Den Sud gut salzen, aufkochen und ein paar Minuten kochen lassen.

2. Bereiten Sie mit Eiswürfeln und etwa 2 l Wasser ein Eiswasserbad vor, in das die Hummer hineinpassen. Nacheinander die beiden Hummer, Kopf voran, ins Wasser geben (siehe Seite 34). Das Wasser je 3 Minuten wallend kochen lassen, dann die Hummer im Eiswasser abschrecken, auskühlen lassen.

3. Für das Knoblauchöl die Chilischoten waschen, halbieren, entkernen und klein schneiden. Knoblauch schälen, fein würfeln und mit dem Olivenöl im Mörser zerdrücken. Basilikum fein hacken. Breiten Sie zwei Stücke Frischhaltefolie auf der Arbeitsplatte aus, und pinseln Sie sie mit dem Knoblauchöl ein. Chiliwürfel, Salz und Basilikum darauf verteilen. Auf jede Folie einen Hummerschwanz legen, diesen fest einwickeln und für mindestens 2 Stunden einfrieren.

4. Inzwischen waschen und bürsten Sie für den Gemüsesalat die Kartoffeln und kochen sie ungeschält in Wasser weich. Die Zwiebel schälen, in dünne Ringe schneiden. Das Kürbisfleisch 1 cm groß würfeln. In einem Topf die Zwiebeln im Öl andünsten. Dünsten Sie dann die Kürbiswürfel 1 Minute mit. 200 ml Wasser, Weißwein, Orangenschale und die Zimtstange dazugeben, mit Salz, Pfeffer und Honig würzen. Alles knapp 10 Minuten köcheln lassen; der Kürbis soll noch Biss haben.

5. Die fertig gegarten Kartoffeln je nach Größe halbieren oder vierteln. Heben Sie das Kürbisfleisch mit einem Schaumlöffel aus dem Topf. Den Sud mit dem Walnussessig, Salz und Pfeffer zu einer Marinade verrühren, mit Kürbiswürfeln und Kartoffeln mischen, alles mindestens 1 Stunde durchziehen lassen.

6. Rösten Sie anschließend in einer Pfanne ohne Fett die Pinienkerne goldbraun. Die Petersilie waschen, trocken schütteln und die Blättchen hacken; mit den Pinienkernen unter den Gemüsesalat heben.

7. Das Hummerschwanzfleisch auslösen wie auf Seite 36/37 gezeigt und beschrieben. Schneiden Sie die Hummerschwänze dann mit einem sehr scharfen Messer hauchdünn auf. Das Carpaccio gefächert auf die Teller legen und den Gemüsesalat dazu anrichten.

Geräte in der Seafood-Küche

(1)

FÜR DIE VOR- UND ZUBEREITUNG

(1) Fischentschupper Ein Fischentschupper sollte eine kleine enge Zahnung haben, damit er auch feine Schuppen erfasst und schwierige Stellen des Fischs erreicht. Achten Sie darauf, dass Sie beim Schuppen des Fischs seine Haut nicht verletzen.

(2) Fischheber Ein spezieller Fischheber mit breiter, geschwungener Schaufel ist hilfreich, da so der Fisch beim Herausheben aus der Garform nicht abrutschen kann.

(3) Fischbackschaufel Sie eignet sich gut zum Anheben und Wenden von Fisch, etwa beim Braten. Durch die Schlitze im Blatt kann Fett oder Flüssigkeit ablaufen.

(4) Grätenzange Ein unentbehrliches Utensil zum Entgräten von Fischfilets. Eine breite Greiffläche ermöglicht das Greifen von großen und kleinen feinen Gräten. Alternativ können Sie auch eine kleine Zange aus dem Baumarkt verwenden.

(5) Fischzange Mit diesem Gerät können Sie mithilfe der Rillen der breiten Auflagefläche den Fisch greifen, ohne dass er dabei zerfällt.

(6) Küchenschere Eine gute Küchenschere benötigen Sie in der Seafood-Küche zum Beispiel zum Abschneiden von Flossen und Kiemen oder zum Vorbereiten von Garnelen und anderen Meeresfrüchten.

(2)

(3)

(4)

(5)

(6)

(7)

(8)

(9)

(7) **Spitzzange** Ein hilfreiches Gerät bei der Zubereitung von Krusten- und Schalentieren, zum Beispiel zum Herauslösen von Hummerfleisch aus den Scheren.

(8) **Austernbrecher** Achten Sie beim Kauf eines Austernbrechers darauf, dass das Produkt aus stabilem Edelstahl ist. Damit lassen sich Austern und Muscheln einfach öffnen.

(9) **Austernmesser** Eine Alternative zum Austernbrecher ist ein Spezialmesser mit Edelstahlklinge, die spitz zuläuft, sodass man damit in die harte Austernschale einstechen kann.

Hummer-Sepia-Gröstl

ZUBEREITUNG 30 Min.

ZUTATEN
· 600 g neue kleine Kartoffeln, Salz
· 6 mittelgroße Sepien (etwa 600 g),
  küchenfertig
· 1 EL Olivenöl
· 2 Hummer (je etwa 600 g), vom
  Fischhändler vorgaren, auslösen und
  die Hummerbeine mitgeben lassen
· ½ Bund Koriandergrün
· 4 EL Sonnenblumenöl
· grobes Meersalz, frisch
  gemahlener Pfeffer
· ½ Zitrone

1. Die Kartoffeln gründlich waschen und in Salzwasser etwa 15 Minuten kochen, bis sie weich aber noch nicht matschig sind. Abgießen und abkühlen lassen. Sepien kalt abwaschen, trocken tupfen und in je vier bis sechs Stücke teilen (je nach Größe). Braten Sie das Sepiafleisch in einer sehr heißen Pfanne im Olivenöl nur ganz kurz (30 Sekunden) an, und stellen Sie es dann beiseite. Das Hummerfleisch in fingerdicke Stücke schneiden.

2. Die fertig gegarten Kartoffeln (mit der Schale) längs vierteln. Den Koriander waschen, trocken schütteln und grob hacken. Erhitzen Sie das Sonnenblumenöl in einer Pfanne, und lassen Sie die Kartoffeln darin bei mittlerer Hitze Farbe nehmen. Die Pfanne dabei gelegentlich schwenken. Das Hummerfleisch, die Hummerbeine und die Sepiastücke dazugeben und 5 Minuten mitbraten. Mit wenig Meersalz und Pfeffer würzen, den Koriander dazugeben und das Ganze weitere 2 Minuten braten.

3. Verteilen Sie das Gröstl auf vorgewärmte Teller, die Hummerbeine dabei am Tellerrand dekorativ anrichten. Vor dem Servieren etwas Zitronensaft darüberträufeln.

ANRICHTEIDEE Mit frischem Blattsalat, z.B. Feldsalat servieren.

Gebratene Jakobsmuscheln mit süßem Zitrus-Chili-Dressing

ZUBEREITUNG 50 Min.

FÜR DIE VINAIGRETTE
· 1 Chilischote, 1 rote Zwiebel
· 1 Orange, 1 rosa Grapefruit
· 1 Limette, 1 Zitrone
· 3 EL Traubenkernöl
· 3–4 EL Olivenöl
· 2 EL fein geschnittener Estragon

· 2 EL fein geschnittenes Koriandergrün
· 1 EL Honig, Salz, frisch gemahlener Pfeffer

FÜR DIE MUSCHELN
· ½ Zitrone, 8 Jakobsmuscheln in der Schale
· Salz, frisch gemahlener Pfeffer
· 2 EL Olivenöl

AUSSERDEM
· 4 Bambusspießchen

S. 46
KOCHKURS Jakobsmuscheln

1. Für die Vinaigrette die Chilischote waschen, halbieren und quer in feine Streifen schneiden. Schälen Sie die Zwiebel und würfeln Sie sie fein. Die Zitrusfrüchte bis ins Fruchtfleisch schälen, jeweils die Fruchtfilets auslösen. Den austretenden Saft in einer Schüssel auffangen.

2. Die Zitrusfruchtfilets klein würfeln. Mit Chilistreifen, Zwiebeln, den Ölen und Kräutern in die Schüssel geben. Würzen Sie die Vinaigrette mit Honig, Salz und Pfeffer.

3. Die Zitrone auspressen. Die Muscheln kalt abwaschen und zum Öffnen mit der gewölbten Schalenhälfte in die Handfläche legen. Mit einem kurzen Messer am Schalenrand entlangfahren, dabei den Schließmuskel durchtrennen (siehe Seite 46), dann die obere Schale abheben. Lösen Sie das Fleisch mit dem Messer von der unteren Schalenhälfte. Trennen Sie das weiße Muskelfleisch vom orangeroten Rogen (Corail). Den grauen Rand entfernen.

Muscheln braten

Die Jakobsmuscheln keinesfalls zu lange braten bzw. grillen, sonst wird das zarte Fleisch zäh.

4. Weißes Muschelfleisch und Rogen kalt abwaschen und mit Zitronensaft beträufeln, leicht salzen und pfeffern, auf Küchenpapier legen.

5. Muschelfleisch mit Öl bestreichen, im Wechsel Fleisch und Corail auf die Spieße stecken. Eine Grillpfanne mit Olivenöl fetten und erhitzen. Spieße einlegen, von jeder Seite 1 bis 2 Minuten grillen. Mit der Vinaigrette servieren.

Jakobsmuscheln auf Vanillepüree und Karamelläpfeln

ZUBEREITUNG 30 Min.

FÜR DAS VANILLE-KARTOFFELPÜREE
· 500 g mehligkochende Kartoffeln
· Salz, 2 Thymianzweige
· etwa 200 g Sahne, 50 g Butter
· 2 Vanilleschoten

FÜR DIE KARAMELLÄPFEL
· 2 feste, süßsäuerliche Äpfel
 (z. B. Gravensteiner, Elstar)
· 4 EL Zucker, etwas Zitronensaft

FÜR DIE GEBRATENEN MUSCHELN
· Muskelfleisch von 16 Jakobsmuscheln
· 2 EL Mehl zum Wenden
· 3 EL Walnussöl, Meersalz
· Petersilie zum Garnieren

Kartoffelpüree keinesfalls mit dem Pürierstab oder Mixer pürieren, sondern am besten mit einer Gabel oder dem Kartoffelstampfer.

S. 46
KOCHKURS Jakobsmuscheln

1. Für das Vanille-Kartoffelpüree schälen Sie die Kartoffeln und dämpfen sie in wenig Salzwasser in etwa 20 Minuten weich. Inzwischen den Thymian waschen. Mit Sahne, Butter und etwas Salz in einen Topf geben. Vanilleschoten längs aufschneiden, das Mark auskratzen, mit den Schoten in den Topf geben. Alles aufkochen, 5 Minuten ziehen lassen, dann Vanilleschoten und Thymian herausnehmen.

2. Die weich gegarten Kartoffeln abgießen, kurz ausdampfen lassen und pellen. Lassen Sie die Sahnemischung wieder aufkochen, und pressen Sie die Kartoffeln hinein. Alles mit einem Kochlöffel durchrühren, mit Salz abschmecken. Sollte das Püree zu fest sein, können Sie noch etwas Sahne dazugeben.

3. Die Äpfel waschen, vierteln und entkernen. Schneiden Sie die Viertel in je drei gleichmäßige Spalten. Den Zucker in der Pfanne karamellisieren lassen. Die Äpfel in den Karamell legen und mit einem Holzlöffel wenden. Mit einem Spritzer Zitronensaft ablöschen und kurz ziehen lassen. Nehmen Sie die Äpfel aus der Pfanne, und halten Sie sie warm. Den Karamell-Bratsatz mit 3 EL Wasser kurz aufkochen lassen und ebenfalls warm halten.

4. Das Muschelfleisch kalt abwaschen, trocken tupfen und von beiden Seiten in Mehl wenden. Erhitzen Sie in einer großen Pfanne das Walnussöl, und legen Sie das Muschelfleisch ein. Braten Sie es von jeder Seite etwa 1 bis 1 ½ Minuten; der Kern darf noch leicht glasig sein. Mit Meersalz würzen.

5. Spritzen Sie das Vanillepüree mit einem Dressierbeutel auf die vorgewärmten Teller. Apfelspalten anlegen. Die Jakobsmuscheln auf das Püree legen und mit geschnittener Petersilie und nach Belieben feinen Vanilleschotenstreifchen garnieren.

Jakobsmuscheln im Knuspermantel auf Möhren-Ingwer-Püree

ZUBEREITUNG 50 Min.

FÜR DIE MUSCHELN
- 20 ausgelöste Jakobsmuscheln mit Rogen
- 250 g Krupuk (Garnelenchips), ungebacken
- 2 Eier, etwas Mehl zum Panieren, Salz
- ½ l Sonnenblumenöl zum Frittieren

FÜR DAS PÜREE
- 1 Schalotte
- 375 g geputzte Möhren (gut 400 g brutto)
- 100 g geschälte Kartoffeln (etwa 150 g brutto)
- 2 EL Sonnenblumenöl
- 1 Stück in Sirup eingelegter Ingwer (4 cm)

- Salz, frisch gemahlener Pfeffer, Zucker
- 200–250 ml Geflügelfond
- etwa 100 g Sahne

FÜR DIE KAVIARBUTTER
- 2 Schalotten, etwas Butter zum Braten
- 50 ml Weißwein, 30 ml Weißweinessig
- 100 ml Fischfond (siehe Seite 23; oder aus dem Glas)
- 2 EL Crème fraîche
- 175 g kalte Butter in kleinen Würfeln
- Salz, frisch gemahlener Pfeffer
- 100 g Kaviar (Sorte nach Wahl), z. B. Forellenkaviar

KAVIARBUTTER HERSTELLEN
auf Basis von Fischfond, mit Butter montiert

(1) Für die Kaviarbutter die Schalotten schälen und fein würfeln, in etwas Butter farblos andünsten. Weißwein, Essig und Fischfond angießen, aufkochen und alles offen bis auf die Hälfte einkochen lassen.

(2) Passieren Sie die Sauce durch ein feines Sieb, und rühren Sie bei schwacher Hitze zuerst die Crème fraîche und dann die Butter nach und nach ein (mit Butter montieren). Mit Salz und Pfeffer abschmecken.

(3) Unmittelbar vor dem Servieren die Hälfte des Kaviars vorsichtig in die Sauce einrühren.

1. Waschen Sie das Muschelfleisch kalt ab, und tupfen Sie es trocken. Krupuk im Blitzhacker zu grobem Pulver verarbeiten, auf einen flachen Teller geben. Auf einem zweiten Teller die Eier verschlagen. Auf einen dritten Teller geben Sie Mehl.

2. Für das Püree die Schalotte schälen und fein schneiden. Möhren und Kartoffeln ½ cm groß würfeln. Alles in 2 EL Sonnenblumenöl andünsten. Den Ingwer klein schneiden und dazugeben. Mit Salz, Pfeffer und 1 Prise Zucker würzen. 200 ml Geflügelfond angießen, aufkochen.

3. Das Ganze 10 bis 15 Minuten kochen, bis alles weich ist, gegebenenfalls weiteren Fond zugießen. Streichen Sie die Gemüsemasse durch ein Sieb, und rühren Sie so viel Sahne unter, dass das Püree locker, aber nicht zu weich ist. Das Möhren-Ingwer-Püree abschmecken und warm halten.

4. Stellen Sie nun die Kaviarbutter her wie links unten in der Bildfolge gezeigt und beschrieben.

5. Das Öl zum Frittieren der Muscheln in einem Topf oder einer Fritteuse auf 170 °C erhitzen. Muskelfleisch und Rogen (Corail) der Jakobsmuscheln salzen und nacheinander, auf einer Gabel aufgespießt, in Mehl, Eiern und gemahlenen Garnelenchips panieren. Lassen Sie die Muscheln sofort ins heiße Öl gleiten, und backen Sie sie hellbraun aus. Nicht zu viele auf einmal backen, sonst wird die Panierung nicht knusprig. Die Muscheln mit einem Sieblöffel herausheben, auf Küchenpapier abtropfen lassen und leicht salzen.

6. Das Möhren-Ingwer-Püree auf einem Spiegel von Kaviarbutter anrichten. Verteilen Sie die Hälfte des Kaviars darauf. Die Muscheln um Püree und Sauce verteilen.

Alphabetisches Register

Das Register enthält Sachbegriffe, Hinweise auf Warenkunde-seiten und den Kochkurs sowie Rezepte (mit • gekennzeichnet).

Rezepte nach Garmethoden

Sie finden hier alle Rezepte ein-
geteilt nach den Methoden, mit
denen jeweils die Fische bzw.
Meeresfrüchte gegart werden.

Unsere Seafood-Spitzenköche

Markus Bischoff

SEINEN RUF als hervorragender Koch begründete er durch die Arbeit in Spitzenrestaurants: u. a. in der »Auberge de l'Ill« im Elsass, bei Eckart Witzigmann (»Aubergine«, München). Im eigenen Restaurant »Bischoff am See« (Tegernsee) begeisterte er mit seinem Kochstil, der bayerische, italienische und asiatische Akzente aufweist. Markus Bischoff hat sich u. a. 17 Gault-Millau-Punkte und einen Michelin-Stern erkocht. Heute verwöhnt er im edlen Clubrestaurant »Bischoff« der Dekra-Hauptverwaltung in Stuttgart Gourmets aus Kultur und Politik (www.bischoff-club.de).

Gaby und Pierre Mergen

KENNENGELERNT haben sie sich im Sternelokal »Glockenbach« von Karl Ederer in München. Gaby Mergen arbeitete dort als Köchin und ihr Mann Pierre, gebürtiger Elsässer, im Service. Seit 1994 führen Gaby und Pierre Mergen das renommierte Spezialgeschäft für Meerwasserfische und Meeresfrüchte »Poseidon« am Münchner Viktualienmarkt. Hier gibt es täglich frischen Fisch und eine große Auswahl an Muscheln. Immer wieder neue köstliche Gerichte bereiten die beiden täglich frisch in ihrem Bistro zu (www.fisch-poseidon.de).

Kai Sanders

DAS KOCHEN hat er in erstklassigen Häusern gelernt: Seine Ausbildung machte Kai Sanders in Jörg Müllers Restaurant in Westerland auf Sylt. Danach arbeitete er unter anderem in der »Schwarzwaldstube« im Hotel Traube-Tonbach (Baiersbronn). Kai Sanders wurde zweimal Sieger der Kikkoman Masters. Er selbst beschreibt seinen Kochstil als »klassisch mit euroasiatischem Einschlag«. Seit 2004 überzeugt Kai Sanders seine Gäste wieder im hohen Norden, in seinem eigenen Restaurant »Sanders« mitten in Kampen auf Sylt (www.sanders-kampen.de).

Mike Smerda

ALS SOHN eines Kochs konnte Mike Smerda schon früh kulinarische Erfahrungen sammeln. Nach längeren Aufenthalten in den USA kehrte er nach Bayern zurück, arbeitete im Catering sowie in seinen eigenen Fernsehsendungen »Mike isst einfach besser« und »Crocodile Rock am Herd« bei Augsburg TV. Seit Anfang 2008 verwirklicht Mike Smerda seine kreativen Ideen rund um die moderne innovative internationale Küche im eigenen Restaurant Charly Bräu in Augsburg. (Mike Smerdas Internetseite finden Sie unter: www.mr-crocodile.com)

Klaus Velten

»KOCHEN IST Kommunikation.«, »Kochen verbindet.« Sätze wie diese spiegeln Klaus Veltens Einstellung zum Kochen wider. Sohn einer Konditorenfamilie, erlernte er das Kochen im Bonner Restaurant »Herrenhaus Buchholz«. Neben vielen Stationen in der Sternegastronomie ging es ihm immer darum, neue Welten zu erschließen: Nach einer Diätkochausbildung arbeitete er u. a. als Privatkoch. Heute ist Klaus Velten erfolgreicher TV-Koch, u. a. für TV-Gusto, RTL, Pro Sieben. Seit 2008 führt er die Kochschule »Kochatelier Bonn« in Bad Godesberg (www.kochatelier-bonn.de und www.klaus-velten.de).

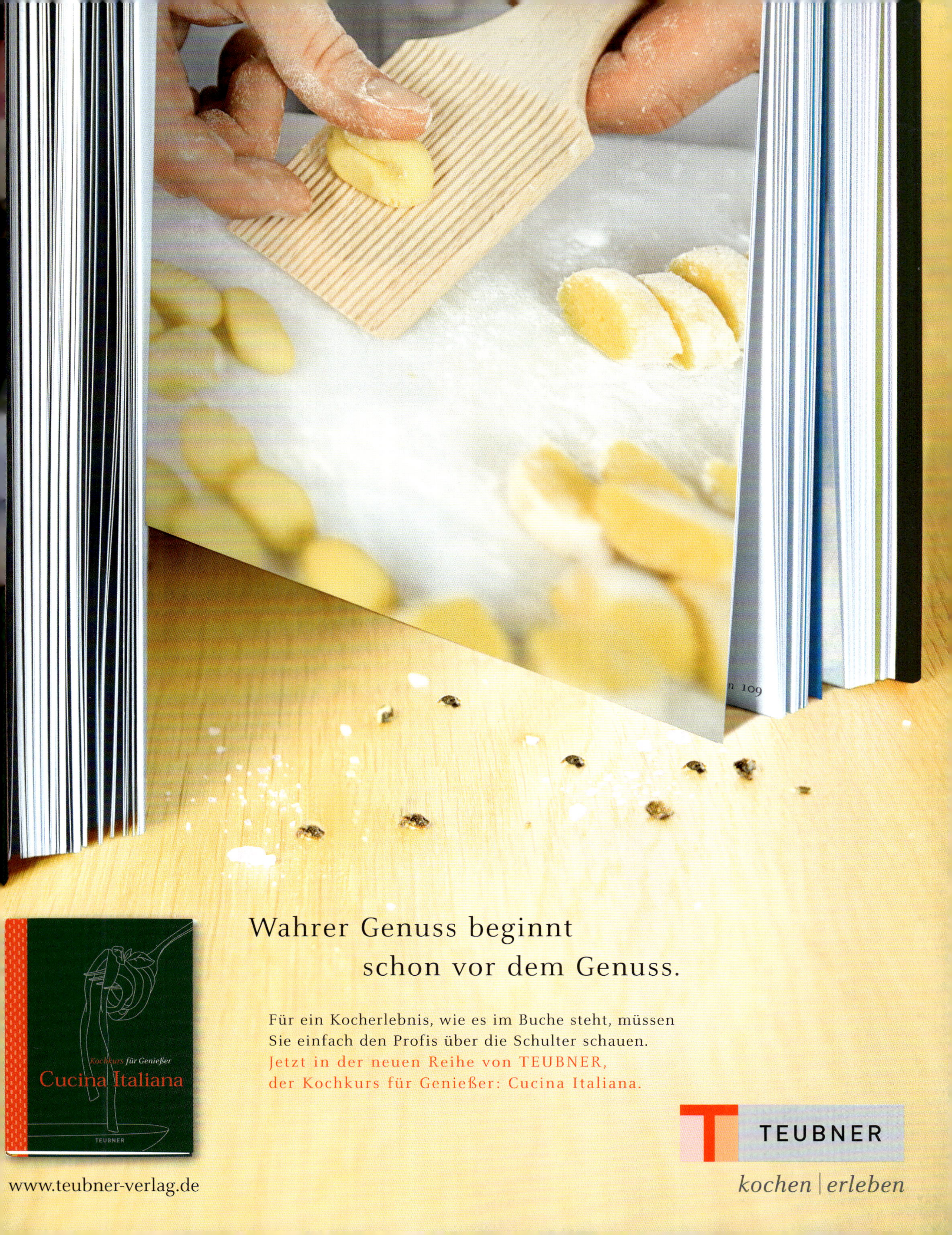

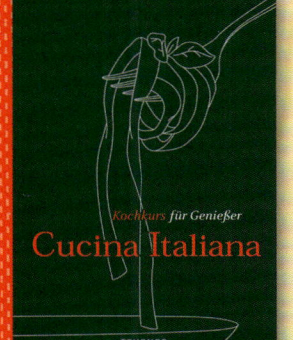

Wahrer Genuss beginnt
schon vor dem Genuss.

Für ein Kocherlebnis, wie es im Buche steht, müssen
Sie einfach den Profis über die Schulter schauen.
Jetzt in der neuen Reihe von TEUBNER,
der Kochkurs für Genießer: Cucina Italiana.

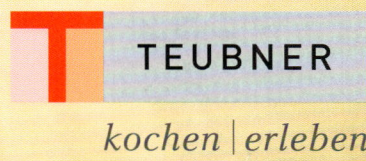

www.teubner-verlag.de

IMPRESSUM

Verlag	© 2008 TEUBNER
	Grillparzerstr. 12, D-81675 München
	TEUBNER ist ein Unternehmen des Verlagshauses
	GRÄFE UND UNZER, GANSKE VERLAGSGRUPPE
	Teubner-Leserservice@graefe-und-unzer.de
	www.teubner-verlag.de
Programm- und Verlagsleitung	Dorothee Seeliger
Projektleitung, Konzept und Idee	Claudia Bruckmann
Redaktion	Claudia Lenz
Text	Claudia Bruckmann (Kochkursteil und Warenkundeseiten), Claudia Lenz (Rezeptteil)
Korrektorat	Waltraud Schmidt
Probeküche	Eva Fischer, Gudrun Mach, Elfi Münch, Gisela Vette
Herstellung	Susanne Mühldorfer
Rezepte	Rezeptteil: Markus Bischoff, Gaby und Pierre Mergen, Kai Sanders, Mike Smerda, Klaus Velten Kochkursteil: Klaus Velten
Fotografie	Alle Rezeptaufnahmen, Haupttitel, Kapitelaufmacher: Matthias Hoffmann, Delmenhorst; Produktion, Styling, Foodstyling: Frauke Koops, Geesthacht bei Hamburg. Der Kochkursteil wurde von Peter von Felbert, München, Anne Eickenberg, Hamburg, und Daniel Reiter, München, in der Kochschule von Frank Petzchen (www.frankpetzchen.de) in Düsseldorf mit Klaus Velten als Koch fotografiert.
Gestaltungskonzept	Sandra Gramisci, München,
Coverillustration	Janine Polte, independent Medien-Design, München
Innenlayout	Lucie Schmid, independent Medien-Design, München
Layout und Satz	h3a Mediengestaltung und Produktion GmbH, München, Andreas Grassinger
Reproduktion	ReproMayer, Reutlingen
Druck	aprinta Druck, Wemding
Buchbinderei	m.appl, Monheim
Auflage	1. Auflage 2008
ISBN	978-3-8338-0769-5

Liebe Leserin und lieber Leser,

wir freuen uns, dass Sie sich für ein TEUBNER-Buch entschieden haben. Mit Ihrem Kauf setzen Sie auf die Qualität, Kompetenz und Aktualität unserer Bücher. Dafür sagen wir Danke! Ihre Meinung ist uns wichtig, daher senden Sie uns bitte Ihre Anregungen, Kritik oder Lob zu unseren Büchern. Haben Sie Fragen oder benötigen Sie weiteren Rat zum Thema? Wir freuen uns auf Ihre Nachricht!

Wir sind für Sie da!
Montag–Donnerstag:
8.00–18.00 Uhr
Freitag: 8.00–16.00 Uhr

Tel.: 0180-5005054*
Fax: 0180-5012054*
*(0,14 €/Min aus dem dt. Festnetz/Mobilfunkpreise können abweichen)
E-Mail:
leserservice@graefe-und-unzer.de

P.S. Wollen Sie noch mehr Aktuelles von TEUBNER wissen, dann abonnieren Sie doch unseren kostenlosen Genuss-Newsletter und/oder unser kostenloses TEUBNER MAGAZIN.

GRÄFE UND UNZER Verlag
Leserservice
Postfach 86 03 13
81630 München

GRÄFE UND UNZER

Ein Unternehmen der
GANSKE VERLAGSGRUPPE

Wir danken der Firma  GmbH & Co. KG für die Bereitstellung der verschiedenen Küchenutensilien.

Alle Rechte vorbehalten. Nachdruck, auch auszugsweise, sowie Verbreitung durch Film, Funk, Fernsehen und Internet, durch fotomechanische Wiedergabe, Tonträger und Datenverarbeitungssysteme jeder Art nur mit schriftlicher Genehmigung des Verlags.